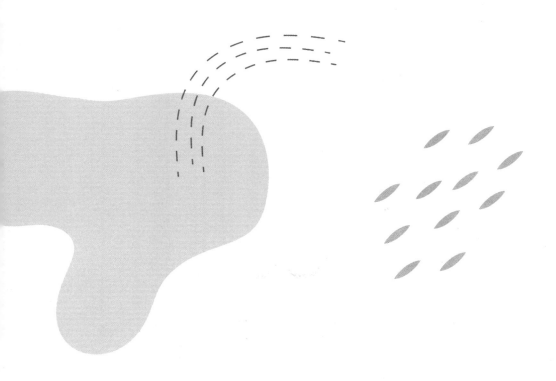

本专著获得中国高等教育学会2021年度"数字化课程资源研究"专项课题
"参与式课程资源建设及教学有效性研究"（项目编号：21SZYB16）和四川
省第二批教育体制机制改革试点重点项目"探索高端创新人才培养改革试点"
（项目编号：Z8-2）的资助

CANYUSHI JIAOXUE
SHEJI YANJIU

参与式教学
设计研究

张广兵◎著

中国财经出版传媒集团

经济科学出版社
Economic Science Press

图书在版编目（CIP）数据

参与式教学设计研究/张广兵著 . —北京：经济
科学出版社，2022. 5
ISBN 978 - 7 - 5218 - 3455 - 0

Ⅰ. ①参…　Ⅱ. ①张…　Ⅲ. ①课堂教学－教学设计－
研究　Ⅳ. ①G424. 21

中国版本图书馆 CIP 数据核字（2022）第 032652 号

责任编辑：程辛宁
责任校对：郑淑艳
责任印制：张佳裕

参与式教学设计研究

张广兵　著

经济科学出版社出版、发行　新华书店经销
社址：北京市海淀区阜成路甲 28 号　邮编：100142
总编部电话：010 - 88191217　发行部电话：010 - 88191522
网址：www. esp. com. cn
电子邮箱：esp@ esp. com. cn
天猫网店：经济科学出版社旗舰店
网址：http：//jjkxcbs. tmall. com
固安华明印业有限公司印装
710 × 1000　16 开　10. 5 印张　180000 字
2022 年 5 月第 1 版　2022 年 5 月第 1 次印刷
ISBN 978 - 7 - 5218 - 3455 - 0　定价：68. 00 元

20 世纪末以来，随着主体性的觉醒以及主体性教育的广泛开展，"主体参与"已成为现代课堂教学的核心，学生参与教学实施、参与教学评价等已得到普遍重视并得以大力推行。然而，与之形成鲜明对比的是，教学设计领域继续盛行着"教师最清楚学生的需求""教师最清楚该如何教学生""学生没有能力参与教学设计"等观念，继续延续着"教师提供教学方案，学生接受教学方案"的局面。20 世纪末期，伴随时代发展的冲击、教育环境的变化以及学生学习需求的日益增加与多样化等，传统的 ADDIE 教学设计模式受到了广泛的质疑与批判，在这一背景下参与式教学设计得以催生。参与式教学设计倡导让学生参与教学设计，鼓励学生积极为教学设计出谋划策，师生间、生生间相互交流、相互讨论、通力合作，共同为教学设计的成功、相应效果的达成做出努力。

本书围绕"参与式教学设计是什么""是否有必要开展参与式教学设计""参与式教学设计的性质与特点如何""开展参与式教学设计的现实情况如何""如何开展参与式教学设计""参与式教学设计的实际效果如何"六大问题开展了理论与实践研究，全书共分为七个部分。

第一章，绪论。从我国现实教学中存在的问题和教学设计的发展动态着手，概览了参与式教学设计研究现状，阐明了开展参与式教学设计研究的必要性以及研究的价值，并明确了研究的思路与方法。

第二章，参与式教学设计的立论基础。从哲学、社会学、心理学、教育学、设计学视域以及现实的角度对开展参与式教学设计的必要性进行了论证。

第三章，参与式教学设计的基本理念与基本特征。参与式教学设计具有从权威决策到民主决策，从目标导向到过程导向，从知识本位到学生本位，从"为学生"设计到"由学生"设计，从静态设计到动态设计，师生关系从主客体关系走向平等的"我"与"你"的关系等基本理念，以及多元性、整体性、开放性、交互性、协作性、差异性等基本特征。

第四章，参与式教学设计的现实问题调研。通过实地考察、访谈调查、问卷调查发现学生、教师、领导等相关群体对开展参与式教学设计有较高的需求，但开展参与式教学设计却面临外部环境、课堂内部以及相关人员方面的困难。对各种困难加以综合分析，发现所面临的各种困难对参与式教学设计的开展有一定的影响，但远不足以阻止参与式教学设计的有效开展。

第五章，参与式教学设计实施框架构建。基于参与式教学设计所面临的现实情况以及对参与式教学设计的整体构想，提出了参与式教学设计实施的整体思路，构建了参与式教学设计实施的大致框架，并对维持参与式教学设计过程良性循环进行了探讨。

第六章，参与式教学设计实验研究。在高中英语教学中开展的参与式教学设计实验研究发现，参与式教学设计在提高各段成绩学生的英语学习兴趣，优化中等成绩学生的英语学习策略，提高中上成绩学生和中等成绩学生的英语自主学习能力以及提高中上成绩学生的英语学习成绩方面有明显的效果。

第七章，研究结论及思考与建议。首先，从参与式教学设计的实质、参与式教学设计与传统教学设计的分野、参与式教学设计的实施、参与式教学设计的现实、参与式教学设计的前景五个方面对本书的研究结果进行了总结与提炼。其次，基于研究结论和理论思考，对开展参与式教学设计提出了八点建议：开展配套改革为参与式教学设计注入源泉；实现参与式教学设计与学生升学之间的良性互动；参与式教学设计应以类似教育教学活动为鉴；参与式教学设计应与学案导学等活动携手并进；参与式教学设计并非"万能"；警惕参与式教学设计变"坏"；慎防参与式教学设计误入歧途；积极应用现代信息技术为参与式教学设计"添翼"。

目　录

第一章
绪 论

第一节 参与式教学设计的兴起

随着对人的主体性的强调与重视的不断提高，传统教学设计弊病的日益显现，以及现代教育教学理论、建构主义学习理论等影响的日益深入，参与式教学设计理论于 20 世纪末期在西方兴起。巴纳锡（Banathy）、詹林克（Jenlink）、瑞格卢斯（Reigeluth）等一系列教学设计专家就参与式教学设计的必要性、参与式教学设计的性质与特点、参与式教学设计的价值与意义、参与式教学设计的方法与策略等开展了大量卓有成效的研究，形成丰富的研究成果。例如，美国教学设计专家巴纳锡（Banathy，1991a）从教学设计未来的假设出发，区分出四代设计方式：第一代设计是"按指令设计"（design by dictate），它通常既通过立法实施又通过自上而下推行；第二代设计是"为（决策者等）的设计"（designing for），它引进顾问和专家，研究某个特定的系统问题，进行需求分析，向决策者提供他们的解决方案；第三代设计是设计者与决策者"一起进行的设计"（designing with）或者"设计者指引的设计"（designer guided），它是设计者和决策者通过具有实际意义的讨论而进行的；第四代设计是"置身于其中的设计"（designing within），它提出人的活动系统必须由那些处于其中的人，利用这些系统的人以及这些系统所服务的人共同来设计。巴纳锡（Banathy，1991b）认为，第四代设计方式，即

1

参与式教学设计，是教学设计未来发展的趋势。美国另一位教学设计专家瑞格卢斯（Reigeluth，1997）在《教学设计理论的新范式是什么》一文中也指出，工业时代的独裁式决策方式应让位于信息时代的分享式决策，教学理论的新变化应深入教学设计之中，应允许学习者更多地参与决定教学方式，允许他们在多种方法之中作出选择。目前，参与式教学设计已在美国、英国、西班牙等国家的部分学校加以开展，并已获得较显著的成效。例如，纽斯特（Newstetter，2000）在美国佐治亚技术学院的写作教学中尝试了学生参与教学设计，结果学生作品的质量明显优于他们以前的作品，而且作品多样性也提高了。里贝（Ribé，2000）在西班牙巴塞罗那的一所中等学校中开展了让学生参与教学设计的实践探索，结果显示，超过80％的学生认同这种教学决策方式，与原有的方式相比，达73％的学生更喜欢这种方式。学生通过这种活动所形成的成果的内容和图片都很精美，而且其正确率和丰富性都优于以前活动中的成果。约翰逊（Johnson）在美国一所私立文科大学大二学生的Java程序设计课程教学中开展了参与式教学设计，活动结束之后，"90％的参与者认为参与式教学设计活动提高他们的问题解决、分析能力，发展他们的批判思维能力，促进了他们的学习以及对课程内容的掌握"[1]。科宁斯（Könings）等在荷兰两所中学的10年级学生中开展了参与式教学设计，结果发现"参与式教学设计提高了学生学习兴趣，学生动机和注意力方面的问题会减少"[2]。国外在学生参与教学设计方面所开展的理论研究与实践探索以及所取得的研究成果，给予笔者很大的启示，启发了笔者对参与式教学设计在我国教育现实中是否必要、是否可行等问题的思考。

第二节　参与式教学设计的界定

　　明确研究问题是开展研究的前提与基础，而厘清问题所涉及的核心概念

---

[1]　Johnson D L. Designing to Learn：Using Agile Software Engineering Methods for Participatory Instructional Design [D]. Minneapolis：Capella University，2006：112.

[2]　Könings K D, Brand-Gruwel S, Van Merriënboer J J D. Participatory Instructional Redesign by Students and Teachers in Secondary Education：Effects on Perceptions of Instruction [J]. Instructional Science，2011，39：737－762.

又是明确研究问题首先应考虑的，在此首先对本书所涉及的两个核心概念——"参与"和"教学设计"加以明确。

一、参与

在长期的研究过程中，不同的研究者用"参与"（participation，involvement，engagement）这一术语表达了不同的内容。概括起来，对参与的界定主要有以下三种观点。

（一）参与是一种行为

将"参与"看作是参加或卷入到活动过程之中的行为，是对参与最常见的界定。这类观点代表性的论述主要有：《现代汉语词典》对"参与"的解释是，"参加（事务的计划、讨论、处理），也作参预"①。陈向明指出，"'参与'强调的是所有有关人员对相关事情的介入，包括对该事情的决策、规划、实施、管理监测、评估等"②。郑金洲认为，"'参与'即参加，是对事情的发展产生积极作用的一种参预。它既是一种理念性的知识，又是一种实践性的活动；既强调活动过程中参与者的'在场'，又强调参与者共同生成活动的结果"③。王升提出，"'参与'必须是学生身心能量的投入；教育的效果与学生的参与程度和能力成正比。参与意味着介入、投入、卷入的状态过程"④。曾琦指出，"'参与'一词出自管理学、组织行为学，揭示的是成人卷入群体活动的状态。而学生的'参与'（participation）又称学生的'卷入'（involvement），则是反映'学生在与学业有关的活动中投入生理和心理能量'的状态变量"⑤。在国外，奥斯汀（Astin）是这类观点的代表人物。20世纪80年代中期奥斯汀在总结已有研究的基础上，建立了有关学生参与的理

---

① 中国社会科学院语言研究所词典编辑室. 现代汉语词典 [M]. 第7版. 北京：商务印书馆，2016：123.
② 陈向明. 在参与中学习与行动——参与式方法培训指南 [M]. 北京：教育科学出版社，2003：1.
③ 郑金洲. 参与教学 [M]. 福州：福建教育出版社，2005：80.
④ 王升. 主体参与型教学探索 [M]. 北京：教育科学出版社，2003：156.
⑤ 曾琦. 学生的参与及其发展价值 [J]. 学科教育，2001（1）：4–7.

论——卷入理论，他指出"学生参与指的是学生投入到学术活动中的生理和心理的能量"①。

(二) 参与是一种心理活动

这类观点认为参与虽然包括一些行为化的经验，但主要还是指心理投入，是一种以行为为载体的心理活动。这类观点的代表性人物是纽曼（Newmann）。纽曼指出，"学生在学业工作中的参与是学生指向学业工作所要促进的学习、理解和掌握知识、技能和技术的心理投入及努力"②。纽曼的合作者尼斯特朗（Nystrand，1991）区别了学生的两种参与：程序化的参与（procedural engagement）和实质的参与（substantive engagement），前者指单纯的行为参与，后者指包括了合理的心理投入，并认为只有实质的参与和学生的高层次的思维发展有关。同时，纽曼（Newmann）还在对"参与"这一概念所作的说明中指出，"学生参与实质上涉及了在教学过程中的学习、理解和掌握教学内容的心理投入，并不是指完成指定的作业或取得较高成绩。学生可以完成学业工作，并且表现良好，但并不一定投入其中。事实上，大量的研究已经表明，学生往往投入大量的精力于一些细节和程序，并没有发展真正的理解"③。

(三) 参与是行为、认知和情感的有机统一

这种观点将参与看作是行为参与、认知参与、情感参与的有机组合。例如，芬恩（Finn，1993）提出了学生参与的模式，根据这种模式，参与指学生参与学校学习生活。它有两种基本形式：第一种是行为的形式，是指参加学校活动；第二种是情感的形式，是指对学校教育目标的归属感和认同感。又如，我国学者孔企平也指出，"参与是一个组合概念，将参与看作是行为、

---

① Astin A W. Student Involvement：A Developmental Theory for Higher Education [J]. Journal of College Student Personnel，1984，25（4）：297 – 308.

② Newmann F M. Student Engagement and Achievement in American Secondary School [M]. NY：Teachers College Press，1992：11.

③ Newmann F M. Student Engagement and Achievement in American Secondary School [M]. NY：Teachers College Press，1992：13.

情感与认知参与的有机结合，具有一定的概括性、符合目前研究的趋势、符合心理学的理论、符合现实的实际情况"①。

对于"参与"这一概念的界定，第一种观点仅描述性地指出参与意味着参加或卷入活动之中，第二种观点突出强调了心理方面的参与，第三种观点则系统阐述了参与是行为参与、认知参与、情感参与的有机结合，三种观点虽有不同，但并不矛盾，三者是层层递进的关系，逐步明确了参与的内涵与外延。从上述论述中可知，参与意味着介入、投入、卷入某种组织或某种活动之中，并共同生成活动成果；参与必须有参与主体能量的投入，而这种能量的投入既有身体行为方面的投入，也有心理、情感方面的投入；参与在表现形式上既有以行为呈现的外显性参与，也有心智参与、情感参与这样的内隐性参与。根据以上分析，本书将"参与"界定为：主体参加（包括行为、认知、情感三个方面的能量投入）到活动过程之中，并与其他主体一道共同生成活动成果。

二、教学设计

教学设计（instructional design，ID），一般又称为教学系统设计（instructional systems design）、教学开发（instructional development）、教学系统开发（instructional systems development），在教学设计的发展与演变过程中，对教学设计概念的界定存在着多种不同的观点。世界各国教学设计研究者立足于自己的研究视角对教学设计概念所作的界定，归纳起来大致有以下三种观点。

（一）教学设计是一个过程

这种观点将教学设计看作是一个系统规划或计划的过程，具体是指将教学设计视为用系统的方法分析教学环境、明了教学问题、研究解决问题途径、形成教学方案、评价教学结果等的过程。这种观点的代表人物有加涅（Gagne）、肯普（Kemp）、史密斯（Smith）、雷根（Ragan）等。其中，加涅（Gagne，1992）指出，教学的系统设计是计划教学系统的系统过程。肯普

① 孔企平. 数学教学过程中的学生参与［M］. 上海：华东师范大学出版社，2003：19.

（Kemp，1994）认为，教学系统设计是运用系统方法分析研究教学过程中的相互联系的各部分的问题和需求，确立解决它们的方法步骤，然后评价教学成果的系统计划过程。史密斯和雷根（Smith and Ragan，1999）也指出，教学设计是指运用系统方法，将学习理论与教学理论的原理转换成对教学资料、教学活动、信息资源和评价的具体计划的系统化过程。

（二）教学设计是一种技术

这种观点的代表人物是美国著名教学设计专家梅瑞尔（Merrill）。梅瑞尔（Merrill，1996）将教学设计界定为教学是一门科学，教学设计是建立在教学科学这一坚实基础上的技术，因而教学设计也可以被认为是科学型的技术（science-based technology）。此观点将教学设计视为开发学习经验和学习环境的技术，认为教学的目的是使学生获得知识技能，教学设计的目的是开发促进学生掌握这些知识技能的经验和环境。

（三）教学设计是一门科学/学科

这种观点将教学设计看作是设计科学的子范畴，其代表人物是帕顿（Patten）和瑞格卢斯（Reigeluth）。帕顿（Patten，1989）在《什么是教学设计》一文中指出：教学设计是设计科学大家庭的一员，设计科学各成员的共同特征是用科学原理及应用来满足人的需要。因此，教学设计是对学业业绩问题的解决措施进行策划的过程。瑞格卢斯在《教学设计是什么及为什么如是说》一文中指出：教学设计是一门涉及理解与改进教学过程的学科。任何设计活动的宗旨都是提出达到预期目的最优途径，因此，教学设计主要是关于提出最优教学方法的处方的一门学科，这些最优的教学方法能使学生的知识和技能发生预期的变化。

对于"教学设计"这一概念的界定有如下三种观点：第一种观点突出教学设计的操作性，强调教学设计如何操作以及操作的程序与步骤；第二种观点突出教学设计的技术性，强调教学设计过程中创设与开发学习经验和学习环境的技术与方法；第三种观点突出教学设计的学科属性，指出教学设计隶属于设计科学。这三种观点反映了人们认识与理解教学设计的不同视角，观点之间也并不矛盾，只是强调与侧重的方面有所不同，三者实际上是在阐述教学设计不同方面的性质与特点。本书主要探讨通过让学生参与教学的计划与规划过程来实现优化教学设计过程，提升教学设计质量，提高教学效果、效率和效益的目的。基于此，本书对教学设计的界定采纳第一种观点，将教学设计界定为用系统的方法分析教学环境、明了教学问题、研究解决问题途径、形成教学方案、评价教学结果等的系统规划或计划的过程。

综上所述，本书要研究的问题可概括为：主体如何参加（包括行为、认知、情感三个方面的能量投入）到对教学进行系统规划或计划的过程之中，如何与其他主体一道共同生成活动成果。广义的参与式教学设计是指教学设计所涉及的相关人员均参与教学设计，而狭义的参与式教学设计是指学生参与教学设计，本书中的参与式教学设计取狭义，即是指让学生参与教学设计。因此，本书中的参与主体是学生，本书的研究问题可进一步明确为：学生如何参加（包括行为、认知、情感三个方面的能量投入）到对教学进行系统规划或计划的过程之中，如何与教师和其他同学一道共同生成活动成果。

第三节　参与式教学设计的相关研究

一、国外相关研究

国外对参与式教学设计的研究始于 20 世纪末期，步入 21 世纪以来，这方面的研究方兴未艾，获得了大量的研究成果。为有效概览这方面的研究成果，本书从以下五个方面对国外相关研究进行梳理。

（一）参与式教学设计溯源

20 世纪 50 年代中后期以来，全世界迎来了一个教育思潮大变革的时代，其助推力是现代社会对人的基本素质尤其是对人的主体性素质提出了更高的要求，原有的教育思想已无法适应现代社会发展需要。新的时代背景促使人们以新的观念、新的方法反思历史并变革现实，在此背景下涌现出一批代表现代教育思想的流派和学说，在理论基础上和侧重点上都把发展人的主体性放在中心地位。与对主体性的关注日益高涨相伴随，西方学者对主体性的重要体现之一——主体参与的重视程度也不断提高。从 20 世纪 60 年代末期开始，西方学者对学生的参与形式、特点、类型及参与和学生的心理发展关系进行了广泛的探讨。例如，杜威（Dewey）就非常重视学生在教学中的主体参与，从他以后在这方面有重要研究的教育家有布鲁纳（Bruner）、布卢姆（Bloom）、罗杰斯（Rogers）、苏霍姆林斯基（Сухомлинский）等。20 世纪 80 年代中期，随着美国学者奥斯汀（Astin）在总结已有的研究基础上，建立了有关学生参与的理论——卷入理论，学生参与理论已较为成熟。随着主体性的觉醒以及主体性教育的广泛开展，"主体参与"已逐渐成为现代课堂教学的核心，而且主体性的觉醒与张扬也深入影响到教学设计领域，要求教学设计领域作出相应的调适。

与此同时，伴随社会的发展以及教学设计理论研究与实践探索的不断深入，传统的"分析→设计→开发→实施→评价"（analysis, design, development, implementation, evaluation, ADDIE）教学设计模式的弊端与不足也日益显现。其弊病主要表现在以下三个方面：一是采用线性设计模式，设计过程单一化、机械化，无法适应教学现实的丰富性与动态性，不利于学生的差异性、个性等的体现与发展。例如，盖耶斯基（Gayeski）就对传统的 ADDIE 教学设计模式进行了猛烈的批判，他指出"ADDIE 是一种自上而下的、行为主义的、线性的教学设计模式"[①]。二是不利于教师和学生之间的沟通与协作。有关研究表明，教师与学生对学习的理解有较大的差异性。例如，努南（Nunan, 1998）曾指出，调查数据显示学生和教师对学习的看法与观点明显不匹配。因而，完全由教师独自进行教学设计，会使教师与学生之间因缺乏有效的沟通而使教学的效率与效果大打折扣。三是不利于培养学生的独立性与自主性。正如桑佩德罗（Sampedro, 2000）所言，原有的方式是在强化教师是"表演者"，学生是"受众"的观念，学生被动地进入教师设定好的一系列活动，而这些活动的目的常常不为学生所见。这与培养学生成为批判性的、自主的、合作的人不符。概而言之，传统教学设计未能体现教学现实的

---

① Gayeski D M. Out-of-the-Box Instructional Design [J]. Training & Development, 1998, 52（4）: 36 – 40.

丰富性与动态性，未能适应学生的多样性与变化性，未能有效调动和发挥学生的主体性和积极性，反而导致学生对教师的依赖，以及学生自我反思、独立性、自主性的缺失。

时代发展的冲击、教育环境的变化以及传统教学设计之不足与弊端的日益显现，加之学生学习需求的日益增加与多样化，传统的 ADDIE 教学设计模式受到了广泛的质疑与批判。面对教学设计的现实困境，自 20 世纪 90 年代初以来，许多教学设计学者开始对传统教学设计范型进行深刻的反思，并开始着手对教学设计的未来取向进行探寻与展望。瑞格卢斯（Reigeluth）指出，"传统教学设计遵循的是工业时代大规模批量生产的思维模式，当前教学设计所面临的重要任务就是改变工业时代的思维模式，实现从'标准化生产'的教学向'量身定制'的教学设计变革"①，改变传统教学设计模式的"独白"性质，实现教学设计过程中所有相关人员之间的协商与对话。詹林克（Jenlink）也指出，"相关人员的参与对设计的成功至关重要"②。瑞格卢斯（Reigeluth）在《一种教学设计的新范式？》一文中进一步指出，"教学系统设计的'健康'依赖于执行者们开发出一种将用户设计的方法应用于教学系统设计过程的设计方式，这一设计方式应将所有相关群体都纳入教学系统设计过程之中"③。卡尔（Carr）更为明确地指出，通过将课堂教学中的权力逐步从教师的手中转入学生手中，理想的学习过程将以这种问题的形式呈现给学习者，"你今天想做什么？你今天想学什么？——好的，让我们一起为你创设一种方式来学习它们"④。在这一背景下，参与式教学设计理论逐渐兴起，并于 20 世纪末期基本形成。

（二）参与式教学设计的价值取向

参与式教学设计首先是一种权利分享，教师与学生分享教学设计的权利，

---

① Reigeluth C M. From ISD to ESD：Educational Technology and Its Underware ［J］. Educational Technology，1991，31（11）：33 – 34.

② Jenlink P M. Systemic Change：Touch Stones for the Future School ［M］. Palatine，IL：Skylight Training and Publishing，1995.

③ Reigeluth C M. A New Paradigm of ISD？［J］. Educational Technology，1996，36（3）：13 – 20.

④ Carr A A. User-Design in the Creation of Human Learning Systems ［J］. Educational Technology Research and Development，1997，45（3）：5 – 22.

教师从设计专家转变为促进者，正如威利斯（Willis）所指出，参与式设计转变了设计的观念，从"设计者最清楚如何设计"转变为"设计者只是小组的一部分，小组中的每一个人都应是完全的参与者，而不是研究的对象"①。同时，不同于传统教学设计，参与式教学设计有其独特的学习观，主要表现为："第一，在一个更大的社会背景下来看待学习问题，将学生学习过程中表现出来的责任感以及合作的态度，视为民主过程中公民表达意见以及参与的一种方式；第二，将学习看作是一个解放过程，区别于促进社会分化、要求服从于少数统治者的霸权的传统教育；第三，将学习看作是置身于社会文化背景之中，在此过程中所学得的和如何学得的是同时定形的；第四，将学习者看作学习的主人，而不是被动接受者，理解和掌握知识是学生的事，学习过程不是学生去接受由他人预先设定的、选取的、传授的知识的过程。"② 对于参与式教学设计的价值与意义，林德（Linder，2000）进行了较为全面的归纳与总结，她指出学生参与教学设计，有助于增强学习动机、促进学习；学生与教师间的对话与协商能生成信任和相互尊重的氛围；它有助于在同一课堂教学中满足不同的学习方式、学习水平和学习需要；分享和合作是平等社会的基石，也是人类群体的基本精神（学生参与教学设计有助于这一精神的形成）；通过对话、协商的训练有助于增进学习者的独立性、学习责任感和终身学习；对话协商可以引导学习者接受并欣赏差异性。韦默（Weimer）也指出，"通过让学生参与决定他们的学习和随后的进程，可以激发更高程度的参与和动机"③。

（三）参与式教学设计的制约因素

影响和制约学生参与教学设计的因素可分为三类，外部环境因素、教师和学生方面的因素和课堂内部因素。第一，外部环境因素主要是外部决定的课程以及制度、文化等。布雷恩和利特尔约翰（Breen and Littlejohn，2000）

---

① Willis J. The Maturing of Constructivist Instructional Design: Some Basic Principles that Can Guide Practice [J]. Educational Technology, 2000, 40 (1): 5–16.
② Breen M P, Littlejohn A. 课堂教学决策 [M]. 上海：上海外语教学出版社，2002：19.
③ Weimer M. Let Students Make Classroom Decisions [J]. The Teaching Professor, 2001, 15 (1): 1–2.

将外部决定的课程列为制约学生参与教学设计的第一因素。斯伦布鲁克等（Slembrouck et al.，2000）指出，教育制度、文化背景方面的因素也会对学生参与教学决策产生影响。第二，教师和学生方面的限制因素主要有教师和学生的态度和意愿、学生的参与能力、学生的多样性等。昆特罗（Quintero，2000）指出，某些学生不愿意参与或还不具备参与的相应能力以及教师不愿意放弃其原有的教学设计方式也会影响学生参与教学设计。布雷恩和利特尔约翰（Breen and Littlejohn，2000）指出，学生的能力、年龄、性格等的多样性也会对此产生影响，哪些喜欢发言的学生可能会支配整个讨论，而哪些不发言的学生的意见却无从获取。纽斯特（Newstetter，2000）指出，许多学生虽然认识到自我做决定的重要性，但是他们拒绝这种不确定性，因为他们已习惯于依赖由教师决定规则。伊鲁乔（Irujo，2000）指出，学生的族裔背景，他们的学习经历，他们对教师、学生角色的预期都影响参与过程。第三，课堂内部因素主要是班级特点以及课堂中的权力关系等的影响。卡尔（Carr）指出，让学生参与教学设计，"可能导致权力和控制方面的混乱"[①]。伊鲁乔等（Irujo et al.，2000）指出，班级的规模对学生参与教学设计有影响。诺里斯和斯宾塞（Norris and Spencer，2000）也论述到，在参与教学设计过程中将学习的责任从教学的组织者转移给教学的参与者是非常困难的。

此外，一些学者对学生能否参与设计进行了较为细致的研究与探讨。斯加菲（Scaife，1997）和他的同事们对儿童能在设计过程中扮演与成人同等重要的角色感到怀疑，他们不相信儿童有时间、知识和专长以完全参与这一合作过程。拉奇（Large）等的研究表明，"学生虽会因缺乏一些知识而使其参与受到一些限制，但是学生是能够参与到其中来的，在参与过程中学生发挥与成人不同的、补充性的作用"[②]。诚然，学生参与教学设计很可能会遇到一些困难与挫折，而且在参与过程中，学生还可能会犯一些错误，他们可能会提出一些不切实际的想法，或设计出一些根本不可行的方案。然而，正如卡

---

① Carr A A. User-Design in the Creation of Human Learning Systems ［J］. Educational Technology Research and Development，1997，45（3）：5 – 22.

② Large A，Beheshti J，Nesset V，Bowler L. Designing Web Portals in Intergenerational Teams：Two Prototype Portals for Elementary School Students ［J］. Journal of the American Society for Information Science and Technology，2004，55（13）：1140 – 1154.

尔（Carr）所指出的那样，"专家进行设计也可能犯错，理想的设计是将设计看作是一个连续的过程，应将最初的差错或失败看作是学习经历而不是该悔恨的错误"①。所以，虽然限制条件会对学生参与教学设计有一定影响，但也不应夸大或高估其影响，这些限制条件不足以阻挠学生对教学设计过程的参与，只要操作与处理得当，学生完全能克服这些困难参与到教学设计之中。正如布雷恩（Breen）和利特尔约翰（Littlejohn）所言，"教师最初的分享课堂教学决策的意愿以及他们坚持采取不同的方式让学生参与决策在任何教学环境中都是决定性的因素，有时我们可能被我们所想象的或假定的而不是其他的限制所阻挠"②。科宁斯（Könings）等开展的研究发现，"将学生纳入教学设计过程的障碍并非不可逾越，在教学中开展参与式设计有着令人信服的理由"③。

（四）参与式教学设计的实施方略

卡尔（Carr, 1997）论述到，可通过人类学方法来了解设计背景，通过合作设计法开展设计过程，通过行动研究法来解决设计过程中遇到的问题。布雷恩和利特尔约翰（Breen and Littlejohn, 2000）指出，一个完整的参与决策环节包括：参与决定（目标、内容、工作方式、评价）→行动→评价。德鲁因（Druin, 2002）指出，通过头脑风暴法和访谈法来让儿童参与设计。伊鲁乔（Irujo, 2000）对学生参与课堂教学的策略进行了较为全面的概括：第一，如果可能，用于参与教学过程的特定技巧应该来自学生自身，自发的参与过程比预先设定的更有效。第二，并不是教学计划中的每一个项目都必须要参与。特定项目的不参与也不会损害这一过程的价值与意义。第三，如果参与过程的结果与传统教学计划很类似，这也没有关系。因为，这一过程所赋予学生的拥有感本身就很有益。第四，如何评价学生也需要成为参与过程的一部分。教师无法同时做到，一方面又企图仍然由教师对学生的评价完全

---

① Carr A A. User-Design in the Creation of Human Learning Systems［J］. Educational Technology Research and Development, 1997, 45（3）：5－22.

② Breen M P, Littlejohn A. 课堂教学决策［M］. 上海：上海外语教学出版社, 2002：282.

③ Könings K D, Brand-Gruwel S, Van Merriënboer J J D. An Approach to Participatory Instructional Design in Secondary Education：An Exploratory Study［J］. Educational Research, 2010, 52（1）：45－59.

负责，另一方面又期望学生对课堂的其他方面负责。第五，参与过程是一动态过程这一点也很重要。第六，这一活动要落到实处，教师必须放弃认为教师对学生的学习负责的观点。科宁斯等（Könings et al.，2010）开展的研究中采取的方式是学生代表参加参与式教学设计会议，与教师一道共同设计教学，其余学生对设计会的提议进行评价。另外，对于学生参与教学设计后，教师的权力与控制问题，昆特罗（Quintero，2000）提出，不应将参与看作是放弃教师的控制，而应将其看作是一个参与对话过程。塔卡拉（Thackara，2005）也指出，学生参与教学设计之后，教师仍然非常重要，因为他们能够起到指导、反馈、顾问的作用。

（五）参与式教学设计的实际效果

对于参与式教学设计的实际效果的研究与探讨主要集中在参与式教学设计与学业成绩、学生发展、师生关系以及教师专业发展几个方面。

1. 参与式教学设计与学业成绩

在参与式教学设计与学业成绩关系方面所开展的研究表明，参与式教学设计对学业成绩有一定的促进作用。纽斯特（Newstetter，2000）在大学生写作教学中开展的研究发现，学生参与写作教学设计，所获得的作品的质量明显优于他们以前的作品，而且作品多样性也提高了。马丁（Martyn，2000）在大学护理专业的教学中开展的研究也显示，通过让学生参与教学设计活动，学生的学业成绩得以提高。里贝（Ribé，2000）在中学生中开展的研究发现，让学生参与教学决策，所形成的成果的内容和图片都很精美，而且其正确率和丰富性都优于以前的成果。林德（Linder，2000）在中等学校中开展的研究也表明，通过参与教学设计，学生所提交的作业的数量和质量都提高了。

2. 参与式教学设计与学生发展

已有研究结果表明，参与式教学设计对学生发展所起的作用主要体现在：首先，学生参与性的增加。海恩斯（Haynes，2001）的研究发现，学生参与教学决策，增进了学生动机、参与性。哈德（Hudd，2003）的研究发现，参与教学决策过程使得学生的课堂参与增加了。其次，学生能力的增强。约翰逊（Johnson）等指出，"学生在合作背景下学得一些社会技能（如集体解决问题的能力）。这些类型的学习经历给他们提供了延伸到教学内容之外的知识和技能"①。伊万尼奇（Ivanic，2000）的研究发现，学生参与教学设计之后，其学习能力得以增强。马丁（Martyn，2000）指出，通过参与教学决策，学生的合作能力和自主学习能力都得到了发展。海恩斯（Haynes，2001）的研究发现，学生参与教学决策，提高了问题解决能力。约翰逊（Johnson，2006）的研究表明，参与式教学设计提高了学生的问题解决、分析能力，发展了学生的批判思维能力。最后，学生学习兴趣、责任心、自信心等的提高。尼科洛夫（Nikolov，2000）开展的研究发现，让学生参与教学设计，学生的自信心和对学习责任心都得以提高。桑佩德罗（Sampedro，2000）开展的研究表明，学生参与教学设计提高了学生学习兴趣和学习积极性，增强了学生自信心。科宁斯（Könings）等开展的研究发现，"参与式教学设计提高了学生学习兴趣，学生动机和注意力方面的问题会减少"②。

3. 参与式教学设计与师生关系及教师专业发展

参与式教学设计与师生关系及教师专业发展方面的研究表明，参与式教学设计有利于师生关系的进一步融洽，有助于教师的专业发展。马克思（Marx，1998）、贝克（Baker，1999）的研究发现，学生参与教学决策，除实质性的课程内容增多、学生的满意度提高、学业毅力提高之外，还强化了学生与教师之间的人际关系。布鲁克菲尔德（Brookfield）的研究也表明，"师生协作进行教学设计能增进师生之间的信赖"③。桑佩德罗（Sampedro，2000）指出，教师与学生之间通过对话、协商进行教学设计，被证明有巨大的潜力成为一种课堂研究和教师专业发展的工具。对精化和调整过程的持久需要会促成不断调适的习惯，有助于教师自身的专业发展。科宁斯（Könings）等开展的研究发现，"参与式教学设计有助于促进师生间相互理解彼此的观点，减少师生间的不一致，改善和增进师生间的关系，进而创设更

---

① Johnson D W, Johnson R T. Academic Controversy: Increase Intellectual Conflict and Increase the Quality of Learning [M]// Campbell W E, Smith K A. New Paradigms for College Teaching. MN: Interaction Book Company, 1997: 211 – 242.

② Könings K D, Brand-Gruwel S, Van Merriënboer J J D. Participatory Instructional Redesign by Students and Teachers in Secondary Education: Effects on Perceptions of Instruction [J]. Instructional Science, 2011, 39: 737 – 762.

③ Brookfield S. Building Trust with Students [M]//Pescosolido B, Aminzade R. The Social Worlds of Higher Education. CA: Pine Forge, 1999: 447 – 454.

积极的学习氛围"①。

国外对参与式教学设计的研究已比较系统和全面，已在参与式教学设计的性质与特点、价值与意义、制约因素、方法与策略、实际效果等方面获得了丰富的研究成果，目前国外对参与式教学设计的研究已主要集中于不同教育背景下参与式教学设计的不同开展方式，教师如何扮演好促进者的角色，参与式教学设计对不同学生的不同作用，以及参与式教学设计对学生长远发展的影响等方面。

二、国内相关研究

国内对参与式教学设计的研究还处于起步阶段，在研究的深度与广度方面与国外均有一定的差距，所形成的研究成果主要集中在以下三个方面。

（一）引进与介绍

20 世纪末至 21 世纪初，国内部分学者将国外参与式教学设计方面的研究成果引进到我国，对国外参与式教学设计研究成果进行了介绍与阐释。这方面的代表性研究主要为：何克抗、郑永柏、谢幼如在《教学系统设计》一书中对巴纳锡（Banathy）的观点进行了转述，指出"不应把教学系统设计仅仅看作是教学系统设计者的工作，而且应该把用户（可能是教师）、教学对象和其他与所设计系统有关的人员也纳入教学系统设计过程中来。把教学系统设计过程不仅看作是一个优化系统的过程，而且是一个具有不同观点和价值体系的人们进行交流的过程，其目的在于找到大家都比较满意的答案；反之，若没有这些人员的参与，就很难做到这一点"②。高文在《教学设计研究的未来——教学设计研究的昨天、今天与明天（之三）》一文中，对巴纳锡（Banathy）的观点进行了介绍，同时还对瑞格卢斯（Reigeluth）的"改变传

---

① Könings K D, Brand-Gruwel S, Van Merriënboer J J D. Participatory Instructional Redesign by Students and Teachers in Secondary Education：Effects on Perceptions of Instruction ［J］. Instructional Science，2011，39：737 – 762.

② 何克抗，郑永柏，谢幼如 . 教学系统设计 ［M］. 北京：北京师范大学出版社，2002：10.

统范式的'独白'性质，促进教学设计过程中所有相关人员之间的'对话'"① 的观点进行介绍，并认为这将是教学设计研究的未来趋势。钟志贤（2005，2006）在《走向使用者设计：兴起、定义、意义与理由》和《使用者设计：解放沉默的大多数》两文中，均对巴纳锡（Banathy）的观点进行了介绍与阐释。梁林梅（2007）在《贝拉·巴纳锡研究》一文中，对巴纳锡（Banathy）关于四代教学设计的划分等观点进行了介绍与论述。张广兵（2010）在《参与式教学设计：教学设计新趋向》一文中，对参与式教学设计的兴起、价值与实施进行了论述。覃翠华、莫永华（2010）在《参与性设计：内涵、哲学基础及实践旨趣》一文中，对参与式设计的内涵、哲学基础、实践旨趣及参与式设计应用于教学设计的价值进行了论述。

这类研究只是对国外的研究成果加以引进和介绍，未对这些理论如何应用在我国的现实教育中进行研究与探讨。正如何克抗等编的《教学系统设计》一书中所指出，"这种开放的大系统观设计教学系统的尝试还很少，更具体的操作方法还有待于广大的教学系统设计人员在实践中去探索与总结"②。

（二）相关研究

1. 参与式教学

对于参与式教学（也称参与性教学、参与型教学），大部分学者将其界定为让学生参与教学实施过程，但也有部分学者将其界定为让学生参与教学全过程，包括教学设计、教学实施、教学评价等。后者所开展的研究对参与式教学设计有所涉及。这类研究主要有，张海涛（2004）在《主体参与大学英语课堂教学的走向》一文中提出，学生应参与目标设定、教材选择、教学方法选择、课堂活动设计。邓小云（2004）在《语文教学的主动参与策略》一文中论及，主动参与是学生主动参与到语文教学的各个环节、参与到教学的全过程，而一个完整的语文教学过程包括备课、上课、讲解、提问、演示、

---

① 高文. 教学设计研究的未来——教学设计研究的昨天、今天与明天（之三）[J]. 中国电化教育，2005（3）：24 – 28.

② 何克抗，郑永柏，谢幼如. 教学系统设计 [M]. 北京：北京师范大学出版社，2002：10.

操作练习、检查、作业等环节。和学新（2004）在《主动参与的教学策略》一文中也指出，主动参与是学生主动参与教学的全过程。一个完整的教学过程包括备课、上课、讲解、提问、演示、操作练习、检查、作业等环节，主动参与就是要让学生参与到各个环节，使教与学紧密地结合起来。许书明（2005）在《语文"参与性教学"模式研究》一文中提出，参与性教学是指学生参与从教学设计开始到教学评价的教学活动全过程。它与一般教学不同的是，学生参与了教师的教学设计，参与了教学评价，还参与教学方法和教学规律的总结。文国韬（2006）在《中学参与性教学的实践研究》一文中也提到，参与教学包括参与教学设计和参与教学实施。陈媛（2008）在《参与性教学方法在马克思主义基本原理课中的运用初探》一文中也论及学生应全程参与，包括学生需求调研、课堂教学设计和实施、学生成绩考核、教学效果评估等。姚建光（2011），朱宗友（2013），韩燕娟、张宝辉、胡立如（2016），柳作林、熊长英（2018）等对参与式教学在中学生、大学生、研究生教学中的应用开展了实践研究，这些研究对参与式教学设计有所涉及。

这类研究提出学生应该参与教学设计，并将学生参与教学设计作为学生参与教学过程的一个环节进行了比较宽泛的论述，所形成的研究成果的深度还显不足，其针对性还有待提高。而且这类研究将学生参与教学设计与学生参与教学实施等同视之，没有考虑到学生参与教学设计与学生参与教学实施的差异性。学生参与教学实施仅是参与某项活动，而学生参与教学设计则是参与对活动的计划和决策，参与活动和参与活动的决策是两种不同类型的参与，二者必然存在着区别。

2. 协商课程（协商学习）

协商课程（negotiating the curriculum）于 2000 年由郝德永、肖龙海等学者介绍、引进到我国，近年来协商课程逐渐引起了国内一些研究者的兴趣，形成一定的研究成果。所形成的研究成果主要集中在以下三个方面：

第一，对国外研究成果的介绍和阐释。郝德永（2000）在《课程研制方法论》一书中，对布莫（Boomer）的协商学习（negotiated learning）以及莱斯特（Lester）的协商课程思想做了简要介绍。肖龙海（2000）在《课堂协商的一种方法》一文中对库克（Cook）等 1992 年提出的协商课程模式进行了介绍。李海英（2002）在《协商课程——一种新的课程范式》一文中，对布莫（Boomer）、库克（Cook）等提出的协商学习模式做了简要介绍，并指出协商学习要求教师与学生共同设计学习单元、活动、目标、作业等。文林萍（2007）在《小学语文教学中"协商——选择性教学"模式的实践探索》一文中介绍了布莫（Boomer）、库克（Cook）和莱斯特（Lester）等让学生参与制定、修改教学方案的观点。粟高燕（2014）在《美国幼儿教育协商式课程述评》一文中对美国幼儿教育协商课程进行了介绍与评论。

第二，对协商课程进行的理论研究。肖龙海（2001）在《协商课程：促进高效学习的一种课程模式》一文中提出，协商课程实质是要求师生通过协商来确定学什么、怎样学。肖龙海、郑锡灯（2003）在《共享学习的权利——关于协商式学习的研究》一文中指出，协商学习是学生与教师就学什么、怎样学以及学得如何进行协商，共同作出有关学习的决定，并认为协商式学习的理论依据是自主权原理、建构主义学习观、合作学习的教学观。孙来成（2004）在《协商课程：实现师生角色里程碑式的转变》一文中对协商课程中的教师与学生的角色问题进行了分析与探讨。李宝庆、靳玉乐（2006）在《协商课程评介》和《协商课程对新课程改革有何启示》两文中以及李宝庆（2006）在其博士论文《协商课程研究》中对协商课程的发展脉络进行了梳理，对协商课程的本土化进行了研究。李海英（2006）在其博士论文《协商课程研究》中对协商课程的主要思想进行了归纳，对协商课程中的课程权力、课程角色、课程语言等进行了研究。孙来成（2007）在《论协商学习》一文中指出，协商学习来自学习者的自主权意识，来自学习者需要、兴趣和愿望的满足。李宝庆、樊亚峤（2011）在《协商课程理论评析》一文中对协商课程的课程价值、课程目标、课程内容、课程实施、课程评价做了阐释。叶飞（2014）在《"协商课程"理念与公民课程的建构》一文中对协商课程的理念进行了论述。

第三，对协商课程的实践研究。王怡芳进行了协商学习实验研究，并取得了良好的效果。她在《协商学习——小学生课堂自主学习方式研究报告》中详细介绍了运用库克（Cook）的协商学习模式进行实验的具体情况，并对协商学习在语文、数学、常识三门学科中的应用情况做了介绍。周龙兴（2007）在《个体体验到生命互动、理念到实践的转换——协商性课程的实践与思考》一文中论述了学生与教师就学习目标的确定等进行协商的实践。

刘小英、周萍（2007）在《协商性教学中促进教学信息意义建构的实践》一文中论述了在教师与学生通过协商确定将要学习的任务方面所进行的实践探索。赵建芳、曹灵芝、陈洁芳（2007）在《小学语文协商教学中协商点的设计与操作》一文中论述了师生就学习任务的选择、学习方法的选择、作业任务的选择进行协商的设计与操作。肖龙海（2008）在《师生共同开发课程——协商课程：课程行动研究的一个实践范式》一文中为协商课程的开展提供了一个实践范式，该范式具体分为计划、协商、教和学、展示、评估五个阶段。杨春妹（2008）在《教学，在协商中生成》一文中以八年级英语上册"*Go for It*"的教学为例对协商教学如何开展进行了论述。李金芳、刘霞（2014）在《高校图书馆信息素养教育协商课程模式建构》一文中对高校信息素养教育协商课程教学模式进行了构建。

　　目前协商课程已逐渐成为国内教育研究中的一大热点问题，所形成的研究成果对协商课程的阐释已较为全面，对协商课程理论构建已较为成熟，但这方面所开展的实践操作层面的研究还比较薄弱，亟待进一步加强。协商课程提出，应让学生与教师通过协商来决定学什么、怎样学以及学得如何，其尊重学生、尊重学生意见的理念与参与式教学设计具有一致性，其研究内容也与参与式教学设计的研究内容有一定的交叉，其研究成果可资参与式教学设计研究借鉴，但是协商课程与参与式教学设计也有明显的区别。二者的不同之处体现在：首先，协商只是参与的一种方式。例如，梅根（Meighan）就区分了学生参与课程决策的三种方式："咨询式（consultative）、协商式（negotiated）、民主式（democratic）"[①]。其次，教学设计所涵盖的领域与课程所涵盖的领域有所交叉，但二者无法等同。二者相比，课程比教学设计更宽泛，而教学设计比课程更有针对性。最后，正如肖龙海等学者所指出，协商课程主要关注学生参与决定学什么、怎样学、学得怎样，而参与式教学设计主要关注的是学生参与设计怎样教。

---

① Meighan R. Flexi-Schooling：Education for Tomorrow，Starting Yesterday［M］. Ticknall：Education Now Publishing Cooperative，1998：36 – 38.

（三）实践探索

20 世纪 90 年代以来，随着教育观念的转变以及教学改革的不断深入，国内的部分教学实践工作者所开展的一些教学实践活动已具有参与式教学设计的倾向，这类实践探索虽不是完全意义上的参与式教学设计，但已具有参与式教学设计的部分特点。这方面研究与探索主要是一些中小学教师开展的让学生参与板书设计、参与教学目标设计、参与备课等。研究成果主要有：第一，对学生参与板书设计的研究。马瑞华（1996）在《放手让学生参与板书设计》一文中提出，通过板演—讲述—讨论—修正来让学生参与板书设计。吕幼兰和肖江平（1999）在《让学生参与板书设计》一文中指出，让学生参与板书设计，能激发学生的兴趣，能培养学生的概括能力，能多角度去认识和理解课文内容，掌握重点、突破难点，不但可以培养学生的阅读能力，而且对学生的写作也有辅助作用。刘玉霞（2000）在《指导学生参与板书设计的尝试》一文中也提出应让学生参与板书设计，并指出教师应对学生参与板书设计进行指导。谭玲和余金史（2000）在《"让学生参与板书设计"的探索》一文中提出，通过填、改、仿、议的方式来让学生参与板书设计。向守万（2005）在《参与式板书设计八例》一文中论述了选填式、提问式、排列式、连线式、对比式、填表式、图画式、模仿式八种参与式板书设计。黄艳（2015）在《自己动手 丰"意"足"情"——如何引领学生参与古诗词教学板书设计》一文中，对古诗词教学中引领学生参与板书设计进行了论述。第二，对学生参与教学目标设计、参与备课的研究。周怡和、吴建强（2000）在《让学生参与备课的尝试与具体操作》一文中提出分步骤、分阶段地让学生参与对教学目标的制定、板书的设计、课堂作业的设计、教学过程设计和整个备课过程的设计。林亮景（2006，2007）在《浅谈学生参与型备课模式在高职法学教学中的应用》和《学生参与备课模式在高职法学教学中的应用》两文中，论述了学生通过收集教学资料、讨论教学资料取舍、预讲课、设计教学形式、撰写教学语言、制作教学课件等参与备课，并指出学生参与备课使课堂教学更具有针对性、互动性和功效性，能增强团队合作意识，提高工作技能，弥补教学监控的缺位。陈登福（2008）在《做学习的主人，从参与备课开始》一文中，对学生参与备课的必要性、优点、类型与基本形式以及相应的问题进行了论述。高芳（2018）在《师生共同参与构建高效型学科备课组初探》一文中，对在学生的参与下师生共同完成教学目标和重难点的设定等进行了实践研究。

这类研究对学生参与教学设计过程的某一或某几个环节进行了一些实践探索，其研究成果为构建参与式教学设计框架提供了一定的实践支撑，但这类研究只是一些尝试性的探索，比较零碎，不系统，欠深入，尚处于经验总结层面，缺乏理论的支撑。

近年来，在前期研究的基础上相关研究者积极开展了参与式教学设计实践研究。覃翠华（2012）选取《大学英语》等四门不同性质的大学课程开展了参与式教学设计实践研究，研究发现师生讨论会作为大学课堂教学中参与式教学设计的方法是适用的。屈丹丹、孙宽宁（2012）对基于QQ群的大学生参与式教学设计进行了实践研究，研究发现利用QQ群实施大学生参与式教学设计可以提高大学生的学习主动性，加强师生交流，改善教学效果。邓素芬（2013）在基础英语教学中开展参与式教学设计实践研究，研究发现参与式教学设计能增强学生的语言应用能力、激发其学习兴趣、缓解其焦虑情绪，真正实现了以学生为中心。田九胜、沈强（2014）对广东省5所高校学生和100多所全国大学英语教师进行了大学英语参与式教学设计调查研究，调查研究发现大部分师生对参与式教学设计较为认同，认为它会带来良好的教学效果。陈祥娥（2015）开展了中学地理参与式教学设计实践研究，研究发现参与式教学设计提高了学生学习地理的兴趣、主动参与教学的积极性和学习成绩，并促进了师生关系的和谐。李琴（2018）在《导游业务》课程教学中开展了参与式教学设计应用实践，研究发现参与式教学设计有助于提升学生学习的主动性与积极性，提高课堂师生互动次数和学生主动回答问题的次数等。

综观国内已有研究，可以发现国内参与式教学设计方面的研究还存在明显不足，无论是理论研究还是实践研究都还比较薄弱，对开展参与式教学设计的行动框架、方式和策略的构建等方面研究还很欠缺，对学生参与教学设计的实践研究亟待提升，对参与式教学设计的理论与实践结合研究更是凸显不够。

第四节　开展参与式教学设计研究的缘起

一、思维之惑

近年来，主体性教育、参与式教学等新型教育教学理念与方式在我国教育界逐渐兴起，并不断蓬勃发展。这些新型教育教学理念与方式引起了教育理论工作者和实践操作者的普遍兴趣，在教育理论界得以广泛探讨，在教育实践领域得以大面积开展，并不断深化。在此过程中，笔者对发展学生主体性的重要性以及开展主体性教育之必要性的认识也随之不断深化，对通过开展参与式教学来发展学生的主体性，将参与式教学视为发展学生主体性的有效途径之一，亦深表认同。与此同时，一个疑问也在笔者头脑中逐渐形成。一方面，如果教学活动不是学生选择的，何以保证这些活动能够引起学生的兴趣，能够激发学生的参与热情，能够有效地发挥学生的主体性。另一方面，就发展学生的主体性而言，让学生参与教学设计过程比让学生参与教学实施过程是更为有效的途径，因为相较于参与教学实施过程，参与教学设计过程需要学生对教学目标的制定、教学内容的选择、教学方法的选用、教学工具与策略的构建等诸多相关问题加以认识、分析、判断，并作出选择与决策等，这是一件更需要学生身心投入、更需要学生发挥其主体性的活动。目前教学理论研究与实践操作中仅重视与强调开展参与式教学，而对让学生参与教学设计却少有论及、鲜有尝试，这是否有点本末倒置？是否也应该让学生参与教学设计过程，让学生参与到对教学进行规划与决策的过程中来？该问题在笔者头脑中由模糊到清晰，由朦胧到明确，成为笔者近年来一直在思考的一个问题。

二、现实之困

由于自身学习、工作的需要，笔者经常到中小学去参加听课、评课等活动。在听课、评课的过程中，笔者常常发现如下现象：在随堂听课或听公开课、示范课时，如果是在上课老师任教的班上课，听课过程中常常发现学生课堂参与十分积极，学生争先恐后地举手回答问题，课堂气氛非常好。然而，课后私下一了解，才发现对课堂积极参与老师是有要求的，是事先做了安排的。老师安排学生积极回答问题，学生积极回答了则会获得老师的好感或得到老师的赞许等，而不积极则不但无法获得老师的好感，还有可能受到老师的惩罚，例如，平时成绩得低分，被认为课堂表现不好等。在这样的课堂中，学生也积极参与了，也发挥了自身的主体性，然而学生的这种参与是为了获得老师的赞许或规避惩罚而表现的积极性与主动性，这与参与式教学的初衷严重不符。而如果是借班上课，听课过程中常常发现学生起初并不太积极，也并非很愿意参与教学。对此，上课教师一般采取的策略是给参与了的学生发一个小奖品（如小五星、图片、卡片、文具等）。学生发现积极参与了就会有奖励之后，便会热情高涨，争先恐后地举手回答问题或积极参与教学过程中的对话、演示活动等。在此过程中，学生表现出了高度的积极性，而且高度地参与了教学过程，表现出了很强的"主体性"，但是这种积极性、这种"主体性"并不是学生对教学活动本身的兴趣所引发的，而是一种对奖励的追逐，这种参与、这种"主体性"让参与式教学严重变味，与参与式教学要达成的目标相去甚远，甚至是背道而驰。通过大量的实地考察以及文献阅读，笔者发现这种现象并不是偶然或个别现象，在不少参与式教学课堂中都存在与之类似的情况，部分理论工作者和一线教师所撰写的书籍、论文中也论及了这一问题。例如，日本学者佐藤学在《静悄悄的革命》一书中，就论及了这一问题，并将学生为了迎合教师等的期望获得其赞许与认可、为追求奖励等而表现出的积极性与主动性，称为"虚假的主体性"；韩旭东在《假主体性教学是什么样子》一文中，也论述到"时下一些课堂上发挥学生主体性集中表现为发言、讨论、表演等等浮泛而又热闹的场景，这只是一种浅层次的'肢体介入'式的学生主体性体现"[①]，是一种假主体性教学；陈嫒在《参与性教学方法在马克思主义基本原理课中的运用初探》一文中将因其他外部的强制性因素，包括形式的吸引力、分数的追求等，所引发的参与称之

---

① 韩旭东. 假主体性教学是什么样子 [J]. 广东教育，2007 (2)：22 – 23.

为"消极参与",并认为"消极参与是一种被动的、低效甚至无效的参与"①。这种参与、这种积极性与主动性非学生的本意,是虚假的,它不但无助于学生主体性的提高,反而会产生一些不良影响,这种"虚假的主体性"的危害主要体现在两个方面。一方面,会使学生不堪重负。正如佐藤学所指出:"战后的学生并不是在国家、教师、家长的重压下痛苦地生活,而是在国家、教师、家长提出的'主体性生活'的强制下不堪重负。"② 另一方面,会导致学生对参与逐渐失去兴趣,甚至反感参与,抵制参与。如何解决这一问题,如何走出参与式教学的这一困境,是不少学者和一线教师在思考的问题,也是笔者在苦苦思索的问题之一。随着思考的深入,笔者开始探寻通过让学生参与教学设计过程是否有助于该问题的解决。

三、研究之需

目前国内对参与式教学设计的研究还处于起步阶段,所形成的研究成果还比较少。已有的研究成果主要有三类:一是对国外研究成果的引进和介绍。这类研究只对国外研究成果进行了介绍与阐释,未对这些成果如何应用于我国的现实教育进行研究与探讨。二是一些相关研究中对参与式教学设计的涉及。这类研究主要是部分参与式教学和协商课程(协商学习)方面的研究论述了学生应参与教学设计。这类研究只论述了学生应参与包括教学设计在内的各个课程、教学环节,但没有考虑到教学设计过程的特殊性,将学生参与教学设计与学生参与其他课程、教学环节等同视之。三是一些具有参与式教学设计倾向的实践探索。这方面的研究与探索主要是一些中小学教师开展的让学生参与板书设计、教学目标设计、备课等活动。这类实践探索只具有参与式教学设计的部分特点,还不是完全意义上的参与式教学设计。同时这类研究还比较零碎、不系统、欠深入,还处于经验总结层面,缺乏理论的支撑。整体上,国内对参与式教学设计的理论研究和实践研究都还比较薄弱,还存

---

① 陈媛. 参与性教学方法在马克思主义基本原理课中的运用初探 [J]. 南方论刊, 2008 (10): 71 – 73.

② 佐藤学. 静悄悄的革命——创造活动、合作、反思的综合学习课程 [M]. 李季湄, 译. 长春:长春出版社, 2003:16.

在明显不足，对于在我国现实教育背景下开展参与式教学设计是否必要、是否可行、如何可行以及如何顺利高效等问题，急需加以研究与探讨。

（一）本书的理论意义

本书主要有两个方面的理论意义。一方面，有利于丰富与发展参与式教学设计理论。目前有关参与式教学设计的研究主要集中在西方国家，国内这方面的研究还很薄弱。在国内开展这一研究，有助于探讨不同地区，不同文化、社会背景，不同政治、经济体制下学生参与教学设计的不同特点，这对完善参与式教学设计理论是有益的。另一方面，对构建我国参与式教学设计的理论体系有所裨益。目前国内对参与式教学设计的研究还主要是对国外相关研究成果的介绍与引进，根植于我国现实教育所开展的研究还很匮乏，对此进行研究有助于构建适合于我国现实教育的参与式教学设计理论体系。

（二）本书的实践意义

本书的实践意义主要包括以下四个方面。首先，有助于相关人员转变教学设计观念。我国现行的教学设计仍以教师"独裁式"的设计为主，对学生参与教学设计的价值与意义等的认识还显不足。对学生参与教学设计加以研究与阐释，有助于相关人员切实认识到学生参与教学设计的重要性和必要性，有助于转变其教学设计观念。其次，有利于为参与式教学设计的开展提供行动参考。尽管参与式教学设计近来已受到一些学者的关注，但是一旦着手实施参与式教学设计，实施框架的构建即成为必须解决的问题。实施框架的构建是参与式教学设计这一研究领域的一项基础性工作，是参与式教学设计顺利实施的前提，本书中对参与式教学设计实施框架的构建可以为教师、学生等开展参与式教学设计提供行动参考。再次，本书对参与式教学设计影响因素、条件等的分析，以及为开展参与式教学设计提供的操作策略与方法，有助于实践者有效克服参与式教学设计的各种障碍，顺利实施参与式教学设计。最后，本书所获得的研究结果可为改进我国现行的教学设计方式，深化新课程改革提供决策依据。

概而言之，思维之惑、现实之困引发了笔者对参与式教学设计相关问题的思考，他人思想、他国经验为参与式教学设计的研究提供了研究基础和研究思路，国内参与式教学设计方面研究所存在的不足，使这方面的研究成为迫切需要。

第五节　开展参与式教学设计研究的思路与方法

一、研究思路

本书按以下思路开展：为什么应开展参与式教学设计→参与式教学设计具有哪些基本理念，哪些基本特征→开展参与式教学设计的现实情况如何→如何开展参与式教学设计→参与式教学设计的效果如何→为什么会出现这样的效果→从中可以获得什么启示。

第一，对开展参与式教学设计进行理论与现实探讨，对我国现实教育中开展参与式教学设计的必要性进行论证。

第二，通过文献阅读与理论思考，弄清参与式教学设计的实质、参与式教学设计的理念以及参与式教学设计的基本特征。

第三，进入教育现实，了解、分析开展参与式教学设计的现实情况，对参与式教学设计的影响因素、条件等进行分析与探讨。

第四，根据我国现实教育中的实际情况对学生参与教学设计的方式、方法、策略等进行构建，为学生参与教学设计构建一个行动框架。本书并不期望构建一个统一的学生参与教学设计的框架，而是给学生参与教学设计提供一个可供选择的范本，以丰富学生参与教学设计的方式、方法、策略，增加其可选择性。

第五，通过调查研究和实验研究对参与式教学设计进行实践验证，并对实践研究的结果进行归纳总结与提炼，形成研究结论。

第六，根据研究结论，获得启示，展开反思，并对在我国现实教育背景下开展参与式教学设计提出意见和建议。

二、研究方法

（一）文献法

通过文献法，掌握国内外参与式教学设计方面的研究现状，为本书提供理论基础，为参与式教学设计实施框架构建寻求支撑。根据相关理论研究成果，并结合现实情况对参与式教学设计实施框架进行构建。

（二）调查法

通过对相关学校、相关人员等进行实地考察、问卷调查和访谈调查，了解我国教育现实背景下学生、教师等对参与式教学设计的需求情况，以及开展参与式教学设计的现实条件、制约因素等。

（三）实验法

通过选择普通中学的两个班级进行等组控制前后测实验，来验证参与式教学设计的现实可行性，检验参与式教学设计的效果，明了影响参与式教学设计的因素以及参与式教学设计给各方面带来的影响。

（四）观察法

通过观察法对教师、学生开展参与式教学设计过程中所思、所做、所获、所感等进行了解，具体包括教学设计过程中的观察、教学过程中的观察、评价反馈过程中的观察、日常学习与生活中的观察等。基于此来提取参与式教学设计对教师、学生等的直观现实影响，为本书收集质性方面的信息、材料。

（五）叙事法

通过让教师、学生等讲述其教学、学习过程中的教育故事，来进一步了解当前普通中学教学设计现状，以及相关人员对参与式教学设计的需求状况。通过让师生回忆、再现、叙述参与式教学设计过程中所发生的事件以及事件中的感受、体会的方式，来全面综合地了解参与式教学设计的实际效果以及参与式教学设计给师生等带来的综合影响与效应。

第二章
参与式教学设计的立论基础

第一节　参与式教学设计的理论基础

一、参与式教学设计的哲学基础

（一）存在主义："存在先于本质"

存在主义是一种把人的存在当作其基础和出发点的哲学，它以"人的存在"为全部哲学的研究中心，旨在揭示人的存在的本真意义，致力于"描述和揭露在充满矛盾和危机的现代社会中人的个性的丧失、人的自由的被剥夺、人之受物及一切异己力量的支配，论证怎样使人获得真正的自由，摆脱异化状态，恢复人的个性和尊严"[①]。存在主义的主要观点为：

（1）以人为中心，以人的存在为首要前提。尽管存在主义的内部有不同的流派，但是他们都主张，哲学研究的对象不是什么绝对真理，不是什么客观的本质，也不是什么思维和存在的关系问题，而是"人"，是"人的存在"。存在主义的代表人物之一萨特（Sartre）提出的名言"存在先于本质"

---

① 刘放桐，等. 新编现代西方哲学 ［M］. 北京：人民出版社，2000：334.

是存在主义哲学的基本论点。

（2）尊重人的个性和自由。存在主义认为，人的存在先于人的本质，这是人区别于物的根本特征。那么，人的存在的本质又是什么？存在主义者认为人的存在的本质就是自由，人的存在是由自由的行动显现出来的，是人的自由选择决定了人的本质。存在主义的另一代表人物雅斯贝尔斯（Jaspers）认为，人的真正存在是人的自由，他又把人的自由归结为个人自由，即"个人自主地作出选择，采取行动的可能性"①。自由也是萨特（Sartre）哲学的基本概念，萨特（Sartre）认为"自由不是人的存在的某种性质，不是追求和选择得来的，人的追求和选择，或者说人的存在本身就意味着自由，自由是人所必然具有的"②。在存在主义者看来，人只要存在，就是自由的。人不可能时而自由，时而不自由，人完全而且永远是自由的，否则人就不存在了。

（3）强调人对自己命运的主宰。萨特（Sartre）曾明确指出，"人除了自己认为的那样以外，什么都不是，这就是存在主义的第一原则"③，以及"人只是他企图成为的那样，他只是在实现自己意图上方才存在，所以他除掉自己的行动总和外，什么都不是"④。在萨特（Sartre）看来，人与物的重要区别就在于人是一种不断自我设计、自我谋划、选择、造就的存在物。人的存在的根本特征就在于人的主观性、超越性、否定性，即按照自己的意向不断地否定自己、超越自己，而这正意味着人不断地设计、谋划、选择、造就自己。

存在主义尊重人的个性和自由，强调人对自己命运的主宰，而人要对自己的命运进行主宰，那就必须对作用于自身的活动具有决策权，拥有选择的自由。参与式教学设计让学生参与对教学的规划与决策，使学生拥有决定作用于自身的教学活动的权利，尊重了学生选择的自由，并锻炼了其选择的能力以及采取行动的能力，这符合存在主义的思想与理念。

---

① 刘放桐，等. 新编现代西方哲学 [M]. 北京：人民出版社，2000：362.
② 刘放桐，等. 新编现代西方哲学 [M]. 北京：人民出版社，2000：374.
③ 让－保罗·萨特. 存在主义是一种人道主义 [M]. 周煦良，汤永宽，译. 上海：上海译文出版社，2005：6.
④ 让－保罗·萨特. 存在主义是一种人道主义 [M]. 周煦良，汤永宽，译. 上海：上海译文出版社，2005：18.

（二）解构主义："消除等级与权威"

解构主义又称为后结构主义，它源自对结构主义的反叛，以消解为主要特征，系统地消解了结构主义的结构、意义等重要概念。解构主义的思想主要集中在两个方面。其一为，反对"逻各斯中心主义"（Logos-centrism）。解构主义的始创者法国哲学家雅克·德里达（Jacques Derrida）认为，统治西方思想领域数千年之久的传统形而上学哲学实质上是一种"逻各斯中心主义"。他指出，自从古希腊哲学家赫拉克利特（Herakleitus）提出"逻各斯"这一哲学术语开始，从柏拉图（Plato）的"理念"，到笛卡儿（Descartes）的"我思"、黑格尔（Hegel）的"绝对精神"，以及列维·斯特劳斯（Lévi-Strauss）的"结构"等等，"逻各斯中心主义"一直在西方哲学传统中占据统治地位。"逻各斯中心主义"具体是指这样一种思想观念，认为"存在着一种独立的本源性的实在（理念、上帝、本我等），这种本源性实在的存在和变化是由一些确定无疑的本质或规则所支配的，这种支配万物生灭变化的本质和规则，就叫作'逻各斯'（Logos）"[1]。解构主义则认为，万物中没有任何东西是一成不变的，并明确地表明设定事物背后存在一个独立自在的、作为事物本源的基础、中心等是荒谬的。其二为，颠覆形而上学的二元对立论，倡导二元融合，主张消除等级、权威等。"逻各斯中心主义"从本质上是认定某一些东西是优于另外一些东西，这使得西方传统形而上学思维方法建立在一正一反二元对立的基础之上，例如，主体与客体的对立、精神与物质的对立、灵魂与肉体的对立等等。围绕逻各斯不可动摇的中心地位，形而上学建立起了一整套相对封闭的等级结构，诸如精神优于物质、灵魂优于肉体、神性优于人性、本质优于现象、整体优于个体、男人优于女人之类。而瓦解二元对立、消除等级与权威一直是解构主义的基本任务。解构主义认为事物间并不存在粗暴支配的优越结构，对立两项之间仅有一些差异，并无孰优孰劣的等级秩序，而且对立两项之间，还存在着大量相互关联、相互渗透、相互包容、相辅相成的关系，即二者并不是非此即彼，而是亦此亦彼。解构主义认为世界并无绝对权威，也无永恒中心，有的只是多元共存，差异常存；

---

① 杨东. 德里达的解构主义哲学及其启示 [J]. 宜宾学院学报，2008（8）：19–21.

解构主义着力打破了等级森严的二元对立，认为概念之间并无等级和中心，仅有差异；解构主义否认二元对抗为运动之基本，承认二元之间相互影响与相互补充。与之相应，解构主义主张消解统一性与确定性，突出差异性与不确定性，崇尚非整体性、非同一性、不确定性和多元性，主张打破原有的统一的、单元化的秩序，重建更为合理的秩序。

根据解构主义的观点，教学设计过程中的教师中心也应打破，教师与学生也非二元对立，也无等级秩序以及支配与被支配关系，二者之间有的只是差异。这就要求在教学设计过程中，教师和学生都应有表达自己观点的机会。同时，教师在教学设计中的权威地位也应受到挑战，应解构传统的教学设计方式，消解与取缔教师的权威和"话语霸权"，学生和教师之间不存在中心与边缘，存在的只是因二者的差异而在教学设计中发挥不同的作用，应让学生拥有表达自己观点的权利，让学生成为自己学习的主人，从而对自己的学习负责。而参与式教学设计正是让学生拥有对教学设计发表意见、看法的权利，让学生与教师之间成为地位平等者，让学生拥有参与作用于自身的教学活动的决策的权利。

（三）解释学："视域融合"

解释学又称为释义学、注释学或阐释学，它以研究对现象的理解和解释为主要目标。"视域"（horizont）是解释学的一个重要概念，在解释学者看来，"视域概念本质上就属于处境概念。视域就是看视的区域（gesichtskreis），这个区域囊括和包容了从某个立足之点出发所能看到的一切"①。由于不同的人所处的历史环境、历史条件和历史地位等以及他的历史遭遇、历史经历等是不同的，因而人与人之间的视域具有差异是不可避免的。视域差异的事实存在，使得如何对待与处理视域之间的差异问题应运而生。对此，解释学者的观点是通过视域融合来解决这一问题。解释学者提出的视域融合不是去消灭视域之间的差异，因为这是不可能的，而是以承认视域之间的矛盾和差异为前提；它不是以牺牲一方而保全另一方，来消除这一矛盾和差异，而是二者之间如何沟通，如何在相互承认的基础上达到的一个更高的第三者。

---

① 伽达默尔. 真理与方法［M］. 洪汉鼎，译. 上海：上海译文出版社，1992：388.

在理解的过程中存在着两种不同的视域：一种是作者的视域；另一种是解释者的视域。作者的视域保留在文本中，以文本历史视域的方式呈现。而理解者也有自己特定的视域，这种视域是由理解者所处的历史时代、社会文化背景以及他自己的历史境遇所赋予的。在解释学者看来，文本理解活动从本质上说，其实是两种视域的相遇。在文本理解过程中，读者的视域与保留在文本中的作者的视域必然存在差异，解释过程以这一差异为前提，以实现读者与作者之间的"视域融合"为目标，解释过程是一个读者与文体对话的过程，通过对话，理解作者的眼界，发现读者自己，并就文本的意义达成"共识"。

在教学中，学生和教师作为不同的个体，其历史背景、经历等必然有很大的差异，这就造成了他们的视域之间必然存在着差异。这种视域差异的存在，使得教师对教学设计的理解与看法无法等同于学生的理解与看法，更无从替代学生。那么，在教学设计过程中，教师就不能忽视或无视学生的视域，而应与学生展开对话与交流，了解对方的视域以及对方对一些问题的看法等，让彼此的不同看法与意见等得以充分显现，并相互碰撞，在冲突与协商之中达成共识。参与式教学设计正是要让学生与教师就教学设计问题展开交流与对话，让彼此明白对方的想法与意见，在相互协商、相互协调中达到视域融合、达成共识。

二、参与式教学设计的社会学基础

(一) 对话理论："生活就其本质来说是对话的"

对话理论可以追溯到中国文化和西方文化的早期奠定时期，在这一时期诸如孔子、苏格拉底（Socrates）等先哲都推崇通过"对话"来探究真理、知识以及通过对话的形式来教学等。而真正对对话理论进行系统研究的首推俄国文艺理论家巴赫金（Bakhtin）和德国哲学家布伯（Buber）。巴赫金（Bakhtin）的对话理论是建立在"自我"与"他者"关系之上的。巴赫金（Bakhtin）认为，他者是"一切与我相异且外在于我的主体或主体性存在，包括具体的你和他，也包括蕴含意义的物质的或思想的存在与环境，甚至包括我试图摆脱的那部分自我或自我意识"①。在巴赫金看来,"自我"与"他者"的相遇便形成了人与人之间的交际,交际是人存在的基本状态,他曾明确指出"人的存在本身(外部的和内部的存在)就是最深刻的交际。存在就意味着交际"②。而人与人之间的这种交际,要借助语言、对话来实现,巴赫金(Bakhtin)认为人类情感的表达、理性的思考乃至任何一种形式的存在都必须以语言或话语的不断沟通为基础,人类只有依托语言或话语才能生存、思考与交流,他强调:"生活就其本质来说是对话的。生活意味着参与对话:提问、聆听、应答、赞同等等。"③ 在巴赫金(Bakhtin)看来,对话是一切存在的前提,是人类存在的基本方式,对话与人类同生同存,对话是存在的条件,人的存在本身意味着对话,即人的存在本质上是"对话"存在。被称为现代"对话"概念之父的德国哲学家布伯(Buber)也认为人的存在是一种关系的存在,关系是存在的本体,布伯(Buber)还提出了"我—你"与"我—它"两种关系模式。布伯(Buber)认为,"我—它"关系模式是代表西方哲学传统的关系模式,这种关系模式本质上不是一种真正的关系,只是一种经验和利用的关系,"我"经验"它"、利用"它","我"是主体,"它"是对象,"我"是主动者,"它"是受动者,"我"与"它"是不平等的。而且,"我—它"关系也不是一种直接的关系,无论是"我"经验"它",还是利用"它",都需要借助中介手段,这就使"我"与"它"之间本可以有的亲密性大大减弱。认清"我—它"这种关系的非本质性,布伯(Buber)强调"我—你"才是人类应有的真正的关系,"我—你"这种关系被布伯(Buber)称为"真正的'对话'关系,是我与你之间活生生的精神上的相遇关系"④。"对话"让"我"与"你"联系起来,脱离孤立与自闭,"对话"又使"我"与"你"各自保持自身特点,不因"我"与"你"的联系而使个性、自我淹没于整体之中。对话中每一方都是独立的存在,每一方

---

① 王建刚. 狂欢诗学——巴赫金文学思想研究 [M]. 上海:学林出版社,2001:44.

② 巴赫金. 关于陀思妥耶夫斯基一书的修订 [M]//钱中文,译. 巴赫金全集(第五卷). 石家庄:河北教育出版社,1998:378.

③ 巴赫金. 关于陀思妥耶夫斯基一书的修订 [M]//钱中文,译. 巴赫金全集(第五卷). 石家庄:河北教育出版社,1998:387.

④ 米靖. 马丁·布伯对话教学思想探析 [J]. 外国教育研究,2003(2):25-29.

都有独立的价值，对话以尊重对方的存在、对方的价值为前提，只有双方的主体性和能动性得到重视，对话才能顺利进行下去。

对话理论认为，人的存在是人际的，人的思维需要人与人之间的思维互动，对话是人存在的基本方式，对话是人存在的本质。而对话以人与人之间的平等存在为前提，对话的每一方都是独立存在的个体，都有其独立存在的意义和价值，都应当受到尊重和关怀。对话理论承认对话双方差异的存在，倡导求同存异、多元共存；反对对立，主张对话；推崇开放，富有包容性。对话理论认为，人与人之间的地位是平等的，同时又是有差异的，而参与式教学设计让学生与教师一起作为平等的主体共同参与到教学设计之中，有助于教师与学生之间的平等对话。同时，对话理论要求尊重每个人独特的价值观，并赋予每个人参与的机会，通过对话协商来达成共识，而参与式教学设计为教学设计过程中师生间、生生间的互动提供了平台，让每个人都能平等地对话，使他人的声音更加自由地作用于自己，使大家在对话中生成新的思想和感受。可见，参与式教学设计将教师与学生看作是平等的主体，以及主张通过对话来弥补双方的差异，达到彼此了解与达成共识等都与对话理论的理念相符。

（二）交往理论："交往是相互理解、达成共识的前提"

交往理论的创始人德国哲学家哈贝马斯（Habermas）把传统的混为一体的世界区分为三个世界：作为事态总体的客观世界，作为社会交往关系主体的社会世界，作为情感、意志和自我表达行为构成的主观世界。根据行为者与三个世界所发生的不同关系，可将社会行为区分为四种类型，分别为工具行为（又称为目的行为，是旨在实现一定目的的行为）、规范调节行为（是社会群体的成员以共同价值观为取向的行为）、戏剧行为（是行动者在公众中通过或多或少有意识地显露其主观性而造成一种关于他本人形象或印象的行为）和交往行为（是以言语为媒介，通过对话，达到人与人之间的相互理解和一致的行为）。对于这四类行为，从各行为角色与世界所发生的关系角度来看，"工具行为、规范调节行为、戏剧行为都只单方面地涉及客观世界、社会世界和主观世界，唯有交往行为通过生活世界协调地处理各个角色所面临的、既不同而又共有的三个世界：客观世界、社会世界和主观世界"①。在对这四类行为进行区分的基础上，哈贝马斯（Habermas）进而指出，交往行为是人类行为的核心，人类奋斗的目标不是使"工具行为"等的合理化，而是"交往行为"合理化，因为"'交往行为'的合理化意味着'人的解放，个体化，不受控制'，而'工具行为'等的合理化则意味着'技术控制力的扩大'"②。交往行为的合理化旨在使人与人之间相互理解，达成共识，而相互理解及达成共识的实现，即交往行为的合理化的实现，需要一定的途径与措施。哈贝马斯（Habermas）将语言视为交往行为的杠杆，并将在选择恰当的语言对话和承认与尊重共同的规范标准基础上参与交流、互动沟通视为达成理解与共识的途径。

哈贝马斯（Habermas）的交往理论使主体和客体之间由支配或从属关系转变为主体与主体之间的话语交往关系。交往理论强调各类社会角色在发展过程中的平等参与，相互交往；参与意味着在社会中构建相互平等的伙伴关系。这种关系不仅意味着他们相互之间应该磋商，而且意味着他们的基本愿望和知识系统都得到充分的尊重。而参与式教学设计通过让学生参与体现了对学生的需求、学生的观点、学生的意见等的尊重与理解。交往理论认为达成共识的途径是参与交流、互动沟通，而参与式教学设计正是要让学生参与教学设计过程，在参与的过程中与教师等相互交流，在互动沟通的基础上达成共识，使所设计出的教学设计方案成为各方都比较满意的，更加适合学生。

三、参与式教学设计的心理学基础

（一）人本主义心理学："人之为人"

人本主义心理学源于 20 世纪 50 年代的美国，其创始人为马斯洛（Maslow）和罗杰斯（Rogers），是一个以人的价值及人性之探索为使命的重要心理学流派，它产生于对行为主义学派（behaviorism）和精神分析学派

---

① 艾四林. 哈贝马斯交往理论评析 ［J］. 清华大学学报（哲学社会科学版），1995（3）：11–18.
② 刘放桐，等. 新编现代西方哲学 ［M］. 北京：人民出版社，2000：482.

（psychoanalysis）的批判之中。人本主义心理学批判行为主义把人与动物相等同，人兽不分，是一种动物的心理学，以刺激－反应的公式取代人的内在心理历程的研究，批判精神分析把病人与正常人相等同，病态与常态不分，是一种不正常人的心理学，以潜意识的功能取代人的整个心理生活的研究。

　　人本主义心理学的主要观点为：首先，将人的本性与价值提到心理学研究的首位。其次，心理学研究的是人，而不是动物；研究的是健康的人，而不是病人；研究的是完整的人，而不是将人的心理肢解为不能整合的几个部分。再其次，强调人类独有的特性，如创造性、主动性以及人的自我选择、自我实现，并将人自我的实现看作是人最基本的需求之一，看作人的本能。最后，重视人的尊严和价值的提高，关注人的潜能的挖掘与培养，强调个体的意愿、情感体验与价值观。

　　人本主义心理学尊重人的本性与价值，关注人的创造性、主动性和选择性，强调人并不是被动地受到环境的制约，而是对未来作出能动的选择以及主动追求，从而达到自我实现，而让学生参与教学设计正是尊重学生主体性、能动性、个体差异性以及学生选择权的一种方式。人本主义心理学强调个体的情感体验，重视人的潜能的发展，而让学生参与教学设计本身就是一个体验过程，而且这有利于学生提出自己的想法、看法等，设计出适合自己的教学方案，从而促进学生潜能的体现与发展。

（二）建构主义心理学："人是主动的建构者"

　　建构主义是由认知主义发展而来，其思想源自皮亚杰（Piaget）的认知发展论。建构主义认为，外部世界虽然是客观存在的，但是人们对世界的认识与理解并不是客观的，人们对于世界的认识与理解以及赋给世界的意义等都是每个个体自己决定的，是主观的。每个人都是以自己原有的经验、原有的认知结构为基础来解释世界，来获得关于世界的认识与意义，也就是说每个人对世界的看法都是个体用自己的头脑构建出来的。建构主义心理学的主要观点可以概括为以下四个方面：第一，知识的建构性，即知识不是客观存在的，也不是外界赋予的，而是人们在与周围环境相互作用的过程中逐步建构起来的。第二，认知过程的建构性，即认识过程是人们根据先前认知结构有选择性地感知外在信息，建构当前事物的意义的过程，在建构过程中人自身的认知结构也随之获得相应的发展。当然，这一建构并不是任意的和随心所欲的。在建构的过程中，必须与他人磋商并达成一致，并不断地加以调整和修正，在这个过程中，不可避免地要受到当时社会文化因素的影响。第三，人们是自主的建构者，即人们是积极主动地建构事物的意义，而不是被动地接受他人传递的事物的意义。第四，人们的建构是多元的。由于人与人所处历史背景以及经历等的不同，每个个体的原有经验、原有认知结构等也就必然存在差异，于是每个个体对外部世界的理解也就各不相同，每个个体对事物意义的建构也就必然是多元的。

根据建构主义心理学，学习过程是一个学生自主建构的过程，学生是知识建构的主体，学生通过知识建构过程获得对外部世界的独特认识，在此过程中学生也不断提升自身的意义和价值。那么，在学习过程中教师就只是学生意义建构的帮助者、促进者，而不是知识的传授者与灌输者，学生才是这一过程中自主的建构者。学生具有自身的认知结构，也有自己的内部动机，教师应该尊重学生自身的认知结构，并根据学生的认知结构开展教学，同时学生的建构是在其原有知识经验的基础上开展的，开展教学时就必须顾及学生原有的知识经验，而对于自身的认知结构、自身的认知方式、自己原有的知识经验学生自己是最了解的，让学生参与教学设计有利于学生的认知结构、认知方式、原有知识经验的进一步显现，进而设计出切合学生认知结构、认知方式等的教学方案。此外，根据建构主义心理学，学生的认知结构也是处于变化发展之中的，而让学生参与教学设计，学生在与教师、其他同学的讨论、协商之中，对他人的认知结构、认知方式等有了进一步的认识，有利于学生吸取他人认知结构、认知方式中有益部分为自己所用，从而改进与优化自身的认知结构、认知方式等。

四、参与式教学设计的教育学基础

（一）终身教育理论："学会认知、学会做事、学会共同生活、学会生存"

终身教育作为一种教育思想，无论是在中国还是在国外，都是古已有之，比如中国流传的"活到老，学到老""学不可以已"之类的古训以及西方的

"never too old to learn"之类的说法中已蕴含着终身教育思想。近代，捷克教育家夸美纽斯（Comenius）、法国近代教育理论的奠基人孔多塞（Condorcet）、美国教育家杜威（Dewey）、我国教育家陶行知等都对终身教育理论有所论述，而真正系统论述终身教育思想，使终身教育理论走向成熟的教育家首推法国的成人教育理论家保罗·朗格朗（Paul Lengrand）。1965年12月，联合国教科文组织在法国巴黎召开了国际成人教育促进委员会第三次会议，这次会议被认为是终身教育走向世界的开始。在这次会议中，保尔·朗格朗（Paul Lengrand）向大会提交了"关于终身教育"的提案。在提案中，他指出"把对人的教育限制在童年和青年时代，……事实证明这是错误的、无效的和不公正的"①，他进而提出"必须把教育看作是贯穿于人的整个一生与人的发展各个阶段的持续不断的过程"②。1972年，由国际教育发展委员会主席埃德加·富尔（Edgar Faure）主持撰写的研究报告《学会生存：教育世界的今天和明天》出版，该报告呼吁每一个人必须终身持续不断地学习，并建议把"终身教育作为发达国家和发展中国家在今后若干年内制定教育政策的主导思想"③。该报告的出版推动终身教育思想在世界各地广泛传播，使终身教育观日益深入人心，并逐渐为世界各国普遍接受。终身教育理论的主要观点有：教育应贯穿人的一生，从生命开始到生命终结；教育应面向全体民众，让人人都能终身接受教育；教育改革与发展应致力于创建学习化社会，而终身教育是学习化社会的基石；学会认知、学会做事、学会共同生活、学会生存是终身教育实现的四大支柱。

学会认知、学会共同生活是终身教育得以实现的两大支柱，而学生参与教学设计过程，有助于学生了解并逐渐学会如何对学习进行规划与设计，有助于学生学习能力的增强，有助于学生学会认知、学会学习。同时，在学生参与教学设计的过程中，学生必然要与教师、其他同学之间进行讨论、协商，有助于学生接纳他人意见与看法，也有助于学生学会如何与他人相处与协作，有助于学生学会如何共同生活。

---

①② 保尔·朗格朗. 终身教育引论 [M]. 周南照，陈树清，译. 北京：中国对外翻译出版公司，1985：138.

③ 联合国教科文组织国际教育发展委员会. 学会生存：教育世界的今天和明天 [M]. 北京：教育科学出版社，1996：223.

（二）主体性教育理论："主体性首先表现为自主性"

主体性教育是 20 世纪 80 年代以来兴起的一股教育思潮，主体性教育是针对传统教育中严重忽视人的主体性发展问题而提出来的，它关注人的主体性的发挥与提高。主体性教育中的主体性，首先，表现为自主性，即主体具有独立地支配自己的权利并具备相应的能力；其次，表现为主动性，即人不是被动地适应或顺应外部世界，而是积极主动地行动；最后，表现为创造性，即对现实进行改变与超越的能力与行动。而主体性教育则是致力于培养与提高学生的主体性的教育，主体性教育将学生视为正在成长的主体，并充分尊重学生这种主体性，通过充分发挥教师和学生的主体性，来培养与提高学生的主体性，最终使每个学生都得到全面、自由、充分的发展。主体性教育理论既将学生的参与视为主体性的一大体现，也将之视为进一步发展学生主体性的有效途径，在教学实践中极力倡导学生参与各类教学活动。主体性教育理论无论在教育的目的上还是在教育的过程中，都把突出人的主体性摆在了十分突出的位置，倡导学生参与，以充分激发和调动学生的主动性、能动性和创造性，着力培养学生的独立性、自主性等。

主体性教育以将学生视为主体为前提，以发展学生的主体性为根本目的，以参与为发展学生主体性的有效途径。参与式教学设计倡导让学生参与教学设计过程，让学生参与教学的规划与计划，让学生对教学决策拥有发言权，这正是尊重学生主体性的体现。而且，让学生参与教学设计过程，学生需对如何规划与设计教学过程作出自己的思考，并就此提出自己的意见与建议，这有利于学生主体性的发挥与发展。

五、参与式教学设计的设计学基础

参与式设计（participatory design，PD），也称为使用者设计（user-design），是 20 世纪七八十年代发端于斯堪的纳维亚半岛的一种设计方式。参与式设计的提出，一方面，是由于在 20 世纪 70 年代"工会运动使得新法律赋予了员工新权利，员工对工作环境的改变有了发言权"①。另一方面，是由于随着生产厂家看到通过减少成本来提高生产力、增大利润和扩大发展的局限性，设计上的革新就变得越来越重要。参与式设计所基于的前提假设是"用户最有资格来决定如何改进他们的工作和工作环境"②，参与式设计有两大关键理念："其一，所有的人都是设计者和使用者；其二，设计是一种社会性行为。"③ 参与式设计欣赏所有的参与者，他们被视为影响产品质量、价值等所有指标的相关专家。正如弗莱明（Flemin，2002）所指出，通过这种方法，用户走出诸如旁观者、审核批准者、'知识库'等角色……成为设计伙伴、设计主人、专长贡献者和自主决策者。参与式设计与传统设计的不同在于，它是一个相互沟通、协调合作、共同分享的过程，它在设计的最初阶段就把用户的参与考虑进来。在传统的设计中，用户闲坐在一边，等待设计专家提供答案。而在参与式设计中，用户加入设计组中，参与提炼需求、参与问题分析、参与产品设计等。参与式设计强调用户在设计的过程中发现问题，而后设计者通过新的设计解决问题，如此迭代反复，以增进产品的质量以及产品对用户需求的满足。参与式设计过程中，用户不只是实验的对象，还是设计组成员，设计者和用户之间是合作伙伴关系，设计过程是双方相互协作、相互学习的过程。参与式设计自产生以来，"迅速跨过大西洋影响到北美地区，成为人机互动、计算机支持的合作以及相关领域研究者的一种重要手段"④。而从 1990 年开始，世界性的参与式设计会议（PDC）每隔一年就召开一次。在理论研究方面，相关研究者已在参与式设计的类型、方法、益处、挑战等方面取得了丰硕的研究成果；在实践应用方面，进入 21 世纪以来，参与式设计在国际上更是方兴未艾，目前参与式设计已在城市规划、建

---

① Weinberg J B, Stephen M L. Participatory Design in a Human-Computer Interaction Course: Teaching Ethnography Methods to Computer Scientists [C]. Sigcse Technical Symposium on Computer Science, 2002: 237 – 241.

② Large A, Beheshti J, Nesset V, Bowler L. Designing Web Portals in Intergenerational Teams: Two Prototype Portals for Elementary School Students [J]. Journal of the American Society for Information Science and Technology, 2004, 55 (13): 1140 – 1154.

③ Reich Y, Konda S L, Levy S N, Monarch I A, Subrahmanian E. Varieties and Issues of Participation and Design [J]. Design Studies, 1996, 17 (2): 165 – 180.

④ Spinuzzi C. The Methodology of Participatory Design [J]. Technical Communication, 2005, 52 (2): 163 – 174.

筑设计、网络设计等领域中广泛应用，也越来越多地应用于教育研究、教学设计等领域。

针对传统设计的不足，参与式设计提出产品的使用者也应参与产品的设计，为产品设计提出意见与建议、出谋划策等，以便产品更好地满足用户的需要。在这一理念的影响下，设计正由统一的标准化设计，转变为着眼于多样化需求的个性化设计，正成为以用户为中心、以用户参与为途径、以让用户满意为目标的设计。根据参与式设计理念，在教学设计领域，学生作为教学活动的服务对象，也应像用户参与产品设计一样，参与到对教学活动的设计之中，以提高教学设计的质量，使教学设计更好地满足学生的需求。

第二节　参与式教学设计的现实基础

一、参与式教学设计是时代发展的需要

20 世纪末期以来，社会进入一个快速发展变化时期，伴随以计算机网络技术为代表的信息技术的飞速发展以及知识呈几何级别的增长，社会已步入了一个新时代——信息时代（又称知识经济时代），信息时代对社会各领域提出了新的要求，作为社会系统中关键构成部分的教育当然也不例外。正如胡定荣所指出，"信息时代有两个突出特征对教育产生了很大冲击。一是知识经济，一是多元文化。知识经济强调在教育过程中突出学生知识的主动的社会建构，多元文化强调尊重学生个体差异，提倡文化价值多元"①。目前，尊重和保护多元为越来越多的人所认同，多元共存日益成为一种共识。在多元共存之中，多元性、个体性、差异性理应得到尊重，人的权益理应得到相应的保护，而各个主体只有获得参与机会，切实参与，发出自己的声音，才能有效保护其权益，并使自身不断地发展与进步。与之相应，对学生的尊重、

① 胡定荣.回顾与反思：二十世纪课堂教学中学生主体参与的研究［J］.教育理论与实践，2002（5）：40-44.

对学生权益的保护，不仅体现在学生得到关心与爱护，更体现在学生的意见获得应有的尊重。近年来，尊重儿童的声音、尊重儿童的参与日益成为世界范围的强烈呼声。联合国 1989 年通过的《儿童权利公约》明文规定，儿童拥有参与社会、文化和教育活动的权利以及充分参与对个人的成长和幸福所必需的其他活动的权利，并将儿童的参与权利作为与生存、发展并列的基本的人权。在 1990 年通过的《儿童的生存、保护和发展世界宣言》中也明确指出应让儿童参与到促进其发展的过程中。在 2002 年联合国儿童问题特别会议上，儿童参与也放到了尤其重要的位置。在这一背景下，尊重学生的权益，尊重学生的参与已成为当今时代的一大诉求。

学生参与作用于自身的活动的计划、规划过程，是学生表达自己想法和意愿，对自身负责的方式，是学生的民主权利，是其发展决定权，是其基本的人权，理应得到尊重与保护。教学作为一种作用于、服务于学生的活动，学生对此当然应该获得自己的发言权。而参与式教学设计，可以让学生对教学内容有选择的机会，学生能对教学进度提出建议，学生可以和教师一起设计教学方法，学生可以根据教学效果反馈来修正、调整、完善原有的设计，从而使学生真正成为教学的主人。简而言之，让学生参与教学设计是尊重、体现、维护学生权益的需要，是使学生真正成为教学主人的需要。

二、参与式教学设计是改进现行教学设计方式的需要

近年来，我国教学领域出现了很多新变化，教学过程中对学生的关注逐步加强，越来越注重激发和调动学生的积极性和主动性，学生对教学实施、评价等的参与也不断增强。然而，在教学设计领域，教学设计的权力仍然是由教师所掌握，教学的目的通常不为学生所见，绝大部分学生只能处于被动的接受状态，教师的一言一行成为学生的行动规范，学生所要做的，只是在教师的"牵引"下完成教师为他们预设的学习目标，完成教师以为最适合他们的学习活动。在我国目前的教育教学实践中，教师一般不会鼓励学生为教学设计出谋划策，而是认为学生尚不成熟，需要教师牵着走。即使有个别"胆大"的学生对教学设计提出意见与建议，也往往未被教师接受与采纳。在我国当下的学校教育中，教学设计过程基本上仍处于教师提供教学方案，

学生接受该方案这一状态。而将学生排斥在教学的计划与规划之外，会使得学生习惯于受教师支配，按教师设定的方式及步子走，这不利于培养学生的独立性、自主性、创造性以及终身学习能力等。概而言之，目前的教学设计方式是按教师"好教"，而不是按学生"好学"来设计的，是重"学会"、轻"会学"，重"教材知识"、轻"生活世界"，重效果与效率、轻效益的教学设计方式。现行的教学设计方式虽然也可能获得很好的效果、较高的效率，却以严重损害教学的效益为代价，学生的意见无法得到应有的尊重，学生的需要无法得到很好的满足。这些不足严重影响我国教学设计的质量以及教学水平的提高，迫切需要加以改进。

三、参与式教学设计是深化新课程改革的需要

为贯彻《中共中央 国务院关于深化教育改革全面推进素质教育的决定》和《国务院关于基础教育改革与发展的决定》，教育部于 2001 年 6 月颁布了《基础教育课程改革纲要（试行）》，明确指出这次课程改革的具体目标之一是："改变课程实施过于强调接受学习、死记硬背、机械训练的现状，倡导学生主动参与、乐于探究、勤于动手，培养学生收集和处理信息的能力、获取新知识的能力、分析和解决问题的能力以及交流与合作的能力。"[1] 同时还强调指出"教师在教学过程中应与学生积极互动、共同发展，要处理好传授知识与培养能力的关系，注重培养学生的独立性和自主性，引导学生质疑、调查、探究，在实践中学习，促进学生在教师指导下主动地、富有个性地学习。教师应尊重学生的人格，关注个体差异，满足不同学生的学习需要，创设能引导学生主动参与的教育环境，激发学生的学习积极性，培养学生掌握和运用知识的态度和能力，使每个学生都能得到充分的发展"[2]。这些无不体现了此次新课程改革对学生主体参与的重视。目前，学生参与教学实施、教学评价在我国已获得学者们的普遍认同，并已获得了数量众多的理论研究成果与良好的实践成效。然而，随着主体参与理论研究和实践操作的不断深入，研究者越来越强烈地认识到，如果学生的参与仅仅局限于教学实施过程，教

①② 教育部．基础教育课程改革纲要（试行）［Z］．2001.

学设计过程仍由教师牢牢把握，学生被排斥在教学的计划与规划之外，那么学生仍会对教师保持较强的依赖性，其主体性就无法得到有效发挥，新课程改革所提出的"促进学生主动地、富有个性地学习"也就无从实现。为此，深化新课程改革不仅要求学生积极参与课堂教学、评价过程，更要求学生积极主动参与教学设计过程，参与到对教学的规划、决策之中，只有通过对教学活动的规划、决策的参与，学生才能真正成为课堂的主人。

四、参与式教学设计是纠正参与式教学误区的需要

随着参与式教学的广泛开展，参与式教学在激发学生主动性、培养学生参与兴趣、提高学生参与能力等方面取得很大成绩的同时，也出现了一些问题。正如本书绪论部分所指出，部分参与式教学活动只注重形式，只注重通过一些物质或非物质的奖励来激发学生的参与积极性，千方百计地引导学生参与教学活动，而无视学生是否真正对这一教学活动感兴趣，也不在乎学生是否在这一过程中获得了发展与提高。这些教学活动本身无法真正激起学生的兴趣，学生也并不是真心想参与，只是为了获得教师的表扬与赞许等而"被迫"表现出一定的积极性与主动性，这种参与式教学徒具参与的形式，实质上成为一种表演与展示，根本无法有效激发学生的积极性与主动性，反而让参与成为学生的一种负担。学生在此过程中所表现出来的主体性也只是一种虚假的主体性，这种虚假的主体性对参与式教学目标的达成以及学生的长远发展等有害无益。随着对学生主体性和学生参与的重视程度的不断提高，教学中对学生参与教学实施、评价等环节的热情的日益高涨，参与式教学中的这种虚假主体性问题也屡屡出现，迫切需要加以探索与解决。而让学生参与教学设计则在很大程度上有助于这一问题的有效解决，因为学生参与教学设计，教学活动是学生参与选择的，教学活动过程与方式等都是学生参与设计的，在此过程中学生必然会选择符合自身兴趣、爱好、需要的活动，也必然会设计符合自身个性特点的活动过程与方式等，这种情况下学生所表现出的积极性与主动性，是基于自身兴趣、爱好、需要等的满足而发出的，这是发自学生内心的积极性与主动性，是一种真实的主体性。

在理论基础方面，参与式教学设计在哲学、社会学、心理学、教育学以

及设计学等领域均有相应的理论作为支撑；在现实基础方面，参与式教学设计符合时代发展的需要，开展参与式教学设计有利于弥补我国现行教学设计方式的不足，有利于深化新课程改革，有利于纠正参与式教学的误区。因此，在我国目前的现实教学中，开展参与式教学设计是非常必要的。

第三章
参与式教学设计的基本理念与基本特征

　　参与式教学设计倡导让学生参与教学设计过程，鼓励学生积极主动地为教学设计出谋划策，在教学设计过程中充分尊重学生的看法与意见，遵循学生的兴趣爱好、个性差异等，参与式教学设计旨在实现增强学生学习兴趣、学习积极性、学习责任感，发展学生自主、终身学习能力，提高教学方案的适切性，提升教学效果与效益等目标。参与式教学设计是尊重学生主体性、尊重学生的个体差异性、尊重学生需求的多样性以及学生意见的多元性的一种教学设计方式，具体而言参与式教学设计具有如下基本理念与基本特征。

第一节　参与式教学设计的基本理念

一、从权威决策到民主决策

　　参与式教学设计的首要理念为变独裁式教学设计决策为分享式教学设计决策。在传统教学设计中，学生或者是未被允许或者是被认为没有能力参与教学设计，教学设计过程完全由教师负责，教师对教学设计拥有绝对的权威，无论是教学目标的设定，教学内容、教学方法的选择，还是教学媒体的选用，教学评价标准的制定等，均由教师独自作出决策，学生完全被排斥在教学设计决策之外，仅是教师意图的被动接受者和猜测者。传统教学设计是一种典型的权威式决策方式，是一种防学生（student-proof）的教学设计方式，教师成为权威的拥有者、教学设计的垄断者，学生看法与意见则处于被抑制、被压制的状态。这种决策方式让教师完全主宰决策过程，学生的意见无法得到应有的尊重与体现，容易导致决策的武断性，容易以教师的想法代替学生的想法，也容易导致学生对教师的决定的不理解，甚至是不满。

参与式教学设计鼓励、倡导学生积极参与教学设计过程，学生可以对设定教学目标、选择教学内容、设计教学方法、调整教学进度、调控教学过程等提出自己的意见与建议，学生对教学设计的意见和想法得以充分表达，学生不再是教学设计的被动接受者，而是成为教学设计的合作伙伴，分享教学决策的权利。在参与式教学设计中，教师必须学会倾听来自学生的声音，必须对学生的意见、想法、建议等加以吸纳，彻底改变传统教学设计中教师拥有绝对权威、处于居高临下地位的局面，取而代之的是教师以合作者的身份来到学生中间，与学生平等对话、交流，与学生一道共同开展教学设计。参与式教学设计中，教师和学生均对教学设计的决策拥有一定的权力，但二者并不享有绝对的权力，只对教学设计决策产生各自的影响，无法单独作出教学设计决策，参与式教学设计中的各种决策都是在师生间、生生间相互交流、相互沟通、相互探讨、相互协商的基础上共同作出的。因此，参与式教学设计的决策是一种分享式的、民主的决策方式，参与式教学设计实现了教学设计过程的民主性。这种决策方式，有利于学生意见得到尊重与体现，有利于群策群力，也有利于师生间的相互理解、相互体谅。

二、从目标导向到过程导向

传统教学设计以达成、实现预定的教学目标为宗旨，紧紧围绕教学目标开展教学设计，教学设计过程首先确定统一的、标准化的教学目标，然后根据教学目标选择教学内容，确定教学方法与手段，最后根据教学目标的实现情况来判断教学设计的成功与否。传统教学设计方式仅强调教学目标的实现，片面追求教学效果的达成，是一种目标导向的教学设计方式。教学现实是丰富多彩的，教学目标远不能概括教学中的各种现实情况，也无法囊括教学的各种效应，传统的目标导向的教学设计容易导致生硬切割教学现实、抹杀教学现实的丰富性与多样性和学生的差异性、忽视目标之外的效应以及只强调结果忽视过程等不良影响。

　　参与式教学设计虽不排斥目标，在教学设计初期也会设定大致的目标，但参与式教学设计改变传统教学设计中片面强调教学目标，受制于教学目标，囿于教学目标的情形。与传统教学设计预先设定固定的目标不同，参与式教学设计的目标是一种开放的目标，它是灵活的，是弹性的，是在开展过程中可以删减、增添、调整改变的，换而言之，是随过程而变的。而且，相较于目标，参与式教学设计更注重过程，非常强调学生在过程中获得表达与发表自己意见的机会，在对话交流中生成自己的新经验，在合作探讨中对教学、对自己的学习等产生新思考与认识。参与式教学设计关注学生在过程中的经历体会与情感体验，注重学生在过程中获得发展与进步，正如伊万尼奇（Ivanic，2000）所言，学生被寄希望于从这一过程经历中的所获能与从教学内容中所获相当。区别于传统目标导向的教学设计仅关注教学目标的达成，参与式教学设计是一种关注学生在教学设计过程中的所感、所思、所获等的教学设计方式；不同于传统教学设计仅能收获教学目标的达成，参与式教学设计不仅能收获教学目标的达成，还能让学生在过程有所斩获，这对实现教学设计综合效益最大化不无裨益。

三、从知识本位到学生本位

　　按照教学设计所凭借的依据以及所遵循的原则，可将教学设计划分为知识本位、学生本位等类型。传统教学设计以知识为中心，强调学生对知识的掌握，以知识的授受为其突出特点，是一种典型的知识本位的教学设计方式。传统教学设计是一种只见知识不见人的教学设计方式，这种教学设计无视或忽视学生情感态度、个性特点等的发展，会对学生的全面发展造成很大的障碍，使学生成为学习知识的工具。学生学习知识本是为了学生自身的发展与进步，而知识本位的教学设计却将知识本身当作了教学的目的，成了为学习知识而学习知识，这是一种本末倒置、舍本逐末的做法。随着人们认识水平的提高、教学设计理论的发展，知识本位的教学设计诸弊端的不断显现，教学设计应走出知识本位的羁绊已成为教育理论界和实践界的共识。

参与式教学设计要求学生参与教学设计过程，遵循学生的意愿开展教学设计活动，所注重的正是学生身心多方面的发展与提高，所倡导的正是在教学设计领域中实现学生本位。传统教学设计过分强调按知识的内在逻辑设计教学，而参与式教学设计则突出强调按学生的身心逻辑设计教学。在参与式教学设计中，学生通过交流、讨论、提意见与建议等，其个性、差异性等得以充分表现，在设计过程中教师要尊重与遵循学生的意见与建议，而学生的意见与建议是学生根据自身的发展需要而提出的，是其内在的身心发展逻辑的体现，这样通过尊重与遵循学生的意见与建议，学生的身心逻辑在教学设计过程中就得以遵循。可见，区别于传统的知识本位的教学设计，参与式教学设计是学生本位的教学设计。

四、从"为学生"设计到"由学生"设计

参与式教学设计是一种强调学生主体性、尊重学生个性特点、关注学生需要的教学设计方式，参与式教学设计对学生的尊重与关注主要体现在："第一，它将设计课的部分责任转移给学生。这有效地阻止了学生只是被动地跟从教师的计划和假定通过跟从教师的计划学生将学到他们需要知道的所有内容，从而使得学生对他们的学习负起更多的责任。第二，它为在同一个班级框架中满足不同学生的不同需求提供了一种机制。第三，它有助于发展学生在该课程完成之后继续自主学习的技能。"① 就尊重学生个性特点，关注学生需要这一点来看，参与式教学设计与当前教学设计领域广为倡导的以学生为中心、面向学习者的教学设计相类似，但参与式教学设计并不等同于以学生为中心的教学设计。二者的区别在于，参与式教学设计是学生实实在在地参与设计教学方案，而以学生为中心的教学设计，学生并不参与设计教学，只是教学设计者（通常是教师）在设计教学时充分考虑学生的需要，将学生置于中心地位，使所设计出的教学更适合学生，即前者是"由学生"设计（designed by students），而后者是"为学生"设计（design for students）。

相较于参与式教学设计，以学生为中心的教学设计存在以下两大不足：

---

① Breen M P, Littlejohn A. 课堂教学决策［M］. 上海：上海外语教学出版社，2002：220.

第一，虽然以学生为中心的教学设计也注重认识与理解学生的兴趣爱好、个性特点、个别差异性等，但是以学生为中心的教学设计是教师站在自己角度来认识学生，是教师用自己的心理去猜测学生的兴趣、需要等，去揣度学生内心的真实想法，而教师的年龄、生活背景、经历、思维方式等都与学生有很大不同，这样教师所认识、所猜测到的学生方面的特性不可避免会与学生的现实情况有一定的偏差，甚至还可能出现教师以自己的眼光代替学生的认识，以自己的想法代替学生的想法的情况，教师希望通过自己的认识与推测来准确展现学生的兴趣、爱好、真实想法等只是教师一相情愿的美好愿望。这种基于对学生不准确的认识所设计出来的教学是否能真正体现以学生为中心、为学生设计存在很大问题，这种设计方式能否真正做到以学生为中心也必然大打折扣。第二，以学生为中心的教学设计无法完全避免传统教学设计的弊端。在以学生为中心的教学设计中是否做到了"以学生为中心"是由教师来评价判断的，是教师说了算的，那么在这种情况下教师打着"为学生设计"的幌子，事实上"以教为中心"、按自己好教进行设计，这也并不是不可能的。参与式教学设计让学生真正参与教学设计过程，学生自己自由表达其兴趣、需要、想法与意见等，通过师生间、生生间的交流与互动，共同作出教学设计的有关决策，合作完成教学设计过程，能有效避免上面提及的以学生为中心的教学设计的两大不足。

五、从静态设计到动态设计

传统教学设计实质上是一种静态的教学设计方式，传统教学设计的静态性主要表现在两个方面。一方面，传统教学设计是基于教师对教学内容以及对学生的前有认识而展开的，在每一次教学设计中，教师的这种前有认识都是相对固定与静止的，这使得传统教学设计所基于的认识基础是静态的。另一方面，在传统教学设计中，教师一旦完成教学方案的设计，便着手实施与执行这一方案，中间不再对教学方案加以改变，只有等到这次教学方案实施完成之后，才根据考试、评价、教师反思等反馈信息对下一次教学设计进行改进。可见，传统教学设计在教学方案执行过程中并未对教学方案加以改进，在实施过程中教学方案是静态的。这种静态的教学设计容易导致教学设计的机械性与划一性，容易造成教学设计的僵化，缺乏变通性，无法有效适应教学现实的丰富性、多样性与变化性。

参与式教学设计的过程则是一个不断变化、不断改进、不断完善的过程，是一种动态的设计方式。在参与式教学设计过程中，一方面，通过教师与学生之间的交流、探讨等，教师不断改变与加深对学生的认识，此过程中学生也进一步明确了自身兴趣、需要以及努力的方向等，使参与式教学设计所基于的认识基础一直处于变化之中，是动态的。另一方面，在参与式教学设计过程中，在师生间的交流与讨论中，教师的想法与意见等要与学生的发生碰撞，在这种碰撞之中，教师、学生的想法与意见等均会发生一定的变化，参与式教学设计过程需要根据教学情境、师生想法与意见等的变化而作出相应的调整与改变，需要持续调适、不断修改完善原有的教学方案。而且，在参与式教学设计中，不仅是教学设计过程中教学方案要进行调整与改进，在教学过程中也可能对教学方案加以改进，即参与式教学设计的操作方式并不是固定的，而是根据教学情境的变化持续调适、动态生成的。参与式教学设计的重点并不是去实现预先设定的目标，而是采取一种弹性设计、一种相机设计，为过程中的调整与改变保留了一定的空间，过程中一旦发现错误、出现重大意外或者有新的创造性想法或建设性意见涌现，就对教学方案加以相应的调整与改进。

六、师生关系从主客体关系走向平等的"我"与"你"的关系

传统教学设计中，教学方案设计时教师认识学生，并基于对学生的认识开展设计，教师是主体，是认识者，学生是教师这一主体的认识对象，是客体；方案实施时教师是执行者，学生是接受者，教师是主动者，学生是受动者。在传统教学设计中教师与学生之间是一种主客体关系，是一种支配与被支配的关系，教师与学生的地位是不平等的。教师、学生这种地位上的不平等不可避免地会给建立和谐的师生关系埋下隐患，师生间地位的不平等成了师生间难以逾越的鸿沟，它拉大了师生间的距离，容易造成师生间的相互不理解，导致师生间的相互疏远，甚至产生隔阂等。

在参与式教学设计之中教师与学生是作为平等的主体共同参与到教学设

计之中，二者所发挥的作用虽有不同，但二者的地位是平等的，二者之间是平等和谐的"我"与"你"的关系。这种"我"与"你"的关系有三层意思：一是参与式教学设计中教师与学生的地位是平等的，二者均为主体；二是参与式教学设计中教师与学生各自保持自身的特点，其价值与作用是不同的，"我"不同于"你"，"你"也不能代表"我"；三是参与式教学设计中教师与学生的关系不是对立的，而是和谐的，二者是合作、协作的关系。参与式教学设计中师生间这种平等的"我"与"你"的关系主要体现在三个方面。首先，参与式教学设计是一个师生平等参与的过程。区别于传统教学设计将学生视为教师认识的对象，视为教师设计的教学方案的接受者，参与式教学设计充分尊重学生参与教学决策的权力，让学生与教师一样，作为平等的主体有效参与教学设计的全过程。其次，参与式教学设计是一个师生间相互尊重、相互理解的过程。在参与式教学设计中，学生的个性特点、个体差异性等得到了应有的尊重，学生的意见、想法等得以充分表达，教学设计过程成为教师、学生在尊重与理解他人的基础上相互交流、相互讨论、相互沟通、相互体谅，最终达成师生间、生生间视域融合的过程。最后，参与式教学设计是一个师生间通力合作的过程。在参与式教学设计中，学生参与到教学设计的各个环节，与教师一道共同致力于生成优质的教学方案，教学设计成果成为师生共同的成果，相应的学生与教师也成为为共同目标而努力的合作者。

第二节　参与式教学设计的基本特征

一、多元性

参与式教学设计的多元性，是指参与式教学设计的设计主体是多元的。传统教学设计中只有教师这一个设计主体，设计过程中无论是教学目标设计，教学内容、教学方法设计，还是教学手段设计、教学评价设计，统统由教师包揽，设计过程自始至终只有教师这一单一主体。设计主体单一，容易导致设计的片面性、偏激性、武断性，容易将自己的意志强加给别人，而且当设计过程出现错误时，也不容易及时得到纠正。在参与式教学设计中，教学所服务的所有学生均参与教学设计过程，教学设计的主体由教师这一单一主体变为教师和众多学生，大大丰富了教学设计的主体，有效避免了传统教学设计的设计主体单一性的弊端。参与式教学设计的这种设计主体的多元性的优势主要体现为：其一，不同的人由于其经历、个性、思维方式等的差异，对同样的事情会有不同的看法与意见，多元主体之间的沟通与对话，有效克服了单一主体孤立、片面看问题的弊端，有助于了解各方的情况，吸纳多方的观点，进而全面综合地看待教学设计过程中的各类问题；其二，多元主体之间观点的碰撞、思想的交锋有利于拓展教学设计的视野、提升看问题的深度与广度、丰富教学设计的思路，有利于主体之间相互学习、相互促进，进而激发思维的火花，促发创造性的灵感，推动教学设计优质高效地开展；其三，多元主体所面临的是共同的任务，是需要他们合作完成的，这有利于促进多元主体之间的交流与协作，使各方成为为共同目标而努力的设计共同体，有助于促进各方关系的融洽与和谐。

二、整体性

参与式教学设计的整体性主要表现在三个方面。第一，学生是参与教学设计的整个过程。在参与式教学设计中，学生对教学设计的参与并不是一种作秀式的、点缀式的参与，而是一种完整的参与、一种全程参与，是对教学设计整个过程的参与，具体包括参与明确学生学习需求，参与分析教学环境、教学条件，参与制定教学目标，参与设计教学方案，参与创设教学氛围，参与准备教学资料，参与教学监控，参与评价反馈，等等。第二，学生是整个人参与到教学设计中。参与式教学设计中学生的参与、投入具有整体性，学生的参与不是单纯的行为参与，而是学生行为参与、认知参与、情感参与三者的有机统一。在教学设计过程中，学生有诸如收集资料、准备教学工具、讨论教学设计的相关问题、对教学设计提出意见与建议等行为参与，也有诸如对如何有效参与教学设计进行思考、对教学设计中存在的问题进行反思等认知参与，还有诸如兴致勃勃地参与教学设计过程、对设计出高质量教学方案的责任感、对教学设计获得成功的成就感等情感方面的参与。第三，学生是整个群体全部参与教学设计。参与式教学设计不是只让少数学生参与教学设计，而是让接受教学的所有学生全部参与教学设计，是一种全员性参与。教学设计所服务的对象是全体学生，所追求的是整体效益最大化，而每一个学生都是独特的，都有不同于其他学生的地方，都有自己独立的见解，都有其独特的价值与意义，都是教学设计的一大资源。这样只有每一个学生均参与教学设计过程，才能展现学生的整体情况，也才能明确学生的所有需求，获得来自各个学生的意见与建议。

三、开放性

参与式教学设计的开放性，是指参与式教学设计的目标、内容、过程等均是开放的。参与式教学设计的开放性主要体现在目标的开放性、参与内容的开放性和参与过程的开放性这三点。首先，目标的开放性。传统教学设计有固定的目标，紧紧围绕目标设计教学活动，区别于传统教学设计，参与式教学设计的目标不是固定不变的，而是灵活的、开放的。在设计活动开始之前，无论是教师还是学生都不完全清楚目标是什么，也无法完全预测会设定怎么样的目标，目标是师生间通过交流、商议而在过程中逐渐形成的，而且即使是这种师生共同设定的目标，也只是一个大致的目标，还要为过程中的调整与改动留下空间，也就是说参与式教学设计所设立的目标不是要规定与限制教学设计过程，而只是设定一个最低要求，从而为过程中可能生成的新目标预留空间。其次，参与内容的开放性。参与式教学设计对其内容并没有规定与限定，无论是诸如语文、数学、外语、体育、美术等不同学科的内容，还是诸如预习、练习、复习、学习方法、教学游戏、课外学习等不同方面的内容，只要是与学生学习相关的，均可成为参与式教学设计的内容。最后，参与过程的开放性。参与式教学设计没有固定的模式，参与式教学设计并不是在设计开展之初就设定一个模式或操作程式，并严格按此模式、此程式来开展，而是根据现实情景、根据师生间以及生生间的讨论与交流情况等灵活地开展下去，即参与式教学设计的过程是随现实情景、现实需要等而动态变化的。

四、交互性

在传统教学设计过程中，教学设计的各个环节，无论是教学目标的制定、教学内容的选定、教学方法与策略的选择与构建，还是教学工具与手段的选用、教学评价的设计，均由教师独立完成，教师完成教学方案设计的各个环节之后，便开始着手实施这一教学方案，让其作用于学生，虽然在教学实施过程中师生间有一定交流与互动，然而教学设计过程则完全由教师负责，学生被排斥在外，教学设计过程中并没有师生间的交流与互动，教学设计完全成了教师的"私事"，成了学生无法涉足的领域，教师对此全权负责，学生即使想参与、想发表意见也无从实现。这种活动过程中交互性的缺失容易导致对他人观点、意见等的不了解，也无法获取他人有益的意见与建议。而参与式教学设计则是一种交互性的教学设计方式，在参与式教学设计中，在进行学习者分析、学习环境分析过程中，教师需要与学生交流互动来了解学生的情况，了解学生的看法、意见等，学生也需要与学生进行交流互动，了解其他学生的情况，其他学生的看法、意见等；在设计教学方案过程中，师生间、生生间更要交流互动、相互协商，在协商、妥协的基础上生成各方都比较满意的方案；在评价反馈过程中，师生间、生生间要自主评价，要自主反馈，但也要将评价反馈所获得的信息拿出来分享，师生、生生一起讨论，核实其是否准确，如何改进等。可见，区别于传统教学设计各自自行其是，参与式教学设计在各个阶段都有师生间、生生间的交流与互动，这有利于教师倾听来自学生的声音，了解学生的看法、意见等，也有利于学生了解其他同学的看法、意见以及所关心的问题等，有利于师生间、生生间有效沟通，相互理解，相互学习与借鉴，彼此取长补短、博采众长。

五、协作性

传统教学设计由教师独立完成教学设计，设计过程中基本上没有合作与协作，即使有，也仅有教师与教师之间的合作。而在参与式教学设计过程中，既有教师与学生之间的合作，也有学生与学生之间的协作，而且是高度协作。

在参与教学设计过程中，学生参与到教学设计的各个环节，师生共享设计的权利，教学设计成为师生共同努力的一项活动，若获得成功，师生共享成功的喜悦，若惨遭失败，则师生共吞失败的苦果。学生与教师成为为共同目标而努力的合作者，这种共同的使命感有利于学生与教师在教学设计过程中展开高度合作，共同为教学设计的成功、相应效果的达成做出努力，而不是抱一种事不关己，高高挂起的姿态。首先，师生间、生生间的协作体现在教学方案形成过程中。在参与式教学设计过程中，在方案形成阶段无论是教学目标的设定、教学环境分析、学生分析以及教学条件的创设等均需要师生共同做出努力，也均体现出了师生之间以及生生之间的协作。其次，师生间、生生间的协作体现在教学方案实施过程中。在参与式教学设计过程中，由于教学方案是师生共同设计的，师生对教学的成败都负有责任，师生均需为教学方案的顺利实施作出自己的努力，所以教学方案实施过程也是教师与学生之间、学生与学生之间相互协作的过程。最后，师生间、生生间的协作还体现在评价反馈阶段。学生自身最了解自己的收获，最了解是否掌握了所学的内容，师生之间协作有利于更好地明确教学方案对各个学生所形成的结果，而且对教学设计进行改进与提高也有利于学生以后更好地学习，这有助于推动师生间、生生间的相互协作，认真总结本次教学设计的经验与教训，共同为下一次教学设计的改进与优化出谋划策。

六、差异性

参与式教学设计的差异性首先体现在参与程度的差异性。参与式教学设计所面对的学生群体的学段、年龄等是不同的，学生的能力水平、兴趣爱好、个性特点等也是不同的，所针对的教学内容以及所处的教学环境等都是不同的，这就决定了在参与式教学设计中学生的参与程度也必然具有一定的差异性。在参与式教学设计中学生的参与程度是逐步提高的：小学阶段学生一般是低度参与，例如，通过教师征询学生意见与建议的方式让学生参与；中学阶段学生一般中度参与，例如，通过教师和学生间讨论、协商的方式让学生参与；大学、研究生阶段学生一般是高度参与，例如，通过学生自主设计教学，教师充当参谋、顾问的方式让学生参与。参与式教学设计的差异性还体现在参与方法的差异性。教学现实是丰富多彩的，是复杂多变的，而且学生也是多种多样的，是需要加以区别对待的，这两者决定了参与式教学设计的参与方法也必然是多样的，是具有差异性的。参与式教学设计要求在不同的教学现实中采用不同的方法，针对不同的设计内容采用合适的方法，根据学生年龄、层次、水平等的不同而使参与方法表现出很强的灵活性。对于小学阶段的学生一般采用相对简单、易掌握的方法，如师生谈话等；对于中学阶段及中学阶段以上的学生一般灵活采用多种方法，并尝试一些有难度的参与方法，如讨论会、自主设计等。

参与式教学设计是对传统教学设计的一种超越，是多元参与成为时代发展主轴之下的一种必然产物，它蕴含了从权威决策到民主决策、从目标导向到过程导向、从知识本位到学生本位、从"为学生"设计到"由学生"设计、从静态设计到动态设计、师生关系从主客体关系走向平等的"我"与"你"的关系等理念，具有多元性、整体性、开放性、交互性、协作性与差异性等特性。参与式教学设计避免了传统教学设计中的单一性、片面性、偏激性等弊病，有利于扭转目前教学设计中的机械性与划一性等弊端，有利于发挥学生的主体性，使学生积极主动地为教学设计做出贡献，以设计出更切合学生个性特点的教学方案，更好地达成教学效果，更好地促进学生的发展与提高。

第四章
参与式教学设计的现实问题调研

第一节　研究设计

　　对参与式教学设计的各种现实问题进行调查研究旨在了解开展参与式教学设计的现实背景，认识现实教育中学校领导、教师、学生等相关人员对参与式教学设计的需求情况，掌握相关人员对参与式教学设计的认识与态度，明确参与式教学设计面临的困难等。为全面而深入地了解开展参与式教学设计的现实背景以及各种现实问题，本书采用实地考察、访谈调查和问卷调查相结合的方式开展调研。由于受到时间、精力等的限制以及考虑到提高研究针对性的需要，本书并不是对小学、中学、大学等均开展调研，而是只对介于小学与大学之间的中学进行调研，以集中了解普通中学开展参与式教学设计所面临的各种现实情况。

一、实地考察设计

　　实地考察主要是考察一些有代表性的普通中等学校，其目的是对目前普通中学的现实情况有一个大致的了解与掌握。考察的内容主要是普通中学的资源与条件、学生生源、师资情况、升学情况、办学经费、组织管理、学习风气、教学现状、课堂文化氛围等方面的情况。进入考察对象主要是通过主动联系和同学、朋友的介绍与引荐两种方式来进行。对于一些笔者比较熟悉的学校，主要通过同学、朋友介绍的方式进入考察对象，对于笔者不太熟悉的学校，笔者先主动联系学校相关领导，在征得相关领导同意后再进入考察对象。考察资料的收集主要通过笔者自身的观察与体验、与相关领导和工作人员等的日常交往与交谈、查阅学校相关资料等方式来获取。

二、访谈调查设计

访谈调查的目的是对普通中学的现实情况有一个全面而深入的认识，访谈的对象主要包括学生、教师、学校领导、学校职员、家长、教育主管部门领导等相关人员。在访谈内容的设计方面，针对学生、教师、学校领导、学校职员、家长、教育管理部门领导等的不同特点以及在本书中的价值设计了相应的访谈问题，访谈内容主要包括：第一，对开展参与式教学设计必要性、可行性等的认识；第二，对具体如何开展参与式教学设计的想法和意见；第三，对开展参与式教学设计可能遇到的困难的认识与看法；第四，对参与式教学设计可能取得的成效以及可能带来的影响的认识与看法；第五，对开展参与式教学设计的意见与建议。同时还根据各类访谈对象的不同特点设计了一些专门性的访谈问题。例如，在对家长的访谈过程中，询问了家长对开展参与式教学设计所担心的方面以及是否愿意对开展参与式教学设计提供实质帮助等问题。

三、问卷调查设计

问卷调查的目的是对一些有代表性的问题进行大面积的调研，问卷调查的对象集中于开展参与式教学设计最相关的三个群体——学生、教师和学校领导。本书分别设计了学生问卷、教师问卷和领导问卷，基于研究的需要以及统计的方便，三种问卷均分为单选题、不定项选择题和开放式问答题三个部分。问卷的调研问题可分为以下四类：第一，与对参与式教学设计的认识、态度、看法相关的问题；第二，与参与式教学设计如何开展相关的问题；第三，与参与式教学设计可能取得的成效以及可能带来的影响相关的问题；第四，与对开展参与式教学设计的意见与建议相关的问题。以上四类问题为三种问卷的统一性问题。除此之外，还根据学生、教师、领导三个群体的不同特点以及在本书中的不同作用，设计了一些专门性的问题。例如，在学生问卷中设置了"你认为参与式教学设计适合你吗?"，在领导问卷中设置了"您支持贵校开展参与式教学设计吗?"等问题。应用 SPSS 统计软件对三种问卷的信度进行检验，学生问卷的克隆巴赫 α 系数为 0.78，教师问卷的克隆巴赫 α 系数为 0.73，领导问卷的克隆巴赫 α 系数为 0.72。

第二节 研究样本的选取

一、实地考察样本的选取

实地考察于当年 3 月至 4 月开展。在考察对象的选取方面，先根据学校所处位置对学校进行分类，分为城市学校（含市区学校和县城学校）和乡镇学校，再根据学校的办学水平与条件的差异，将之分为优秀学校、一般学校、困难学校，然后分别在这些类型的学校中选取有代表性样本进行实地考察。本书实际选取的考察对象为四川省绵阳市绵阳中学、绵阳外国语学校等市区学校，四川省中江县中江中学、城北中学、实验中学等县城学校，以及四川省中江县龙台中学、东北中学、凯江中学等乡镇学校。

二、访谈调查样本的选取

在开展实地考察期间，同时也开展了访谈调查。在学生、教师、学校领导、学校职员等访谈对象的选取方面，考虑了在"高中、初中""城市、乡镇""优秀学校、一般学校、困难学校"等不同类型学校中均选取一定的访谈对象；对教育主管部门领导的访谈，访谈样本选取了分属市级、县级、镇级教育主管部门的领导；家长样本的选取考虑了家长的文化水平、职业类型、经济收入等方面的差异，在各种类型的家长中均选取一定的访谈对象。实际选取的访谈对象共计 50 余人。

三、问卷调查样本的选取

　　问卷调查于当年 4 月至 9 月开展。在四川、重庆、云南三省市的普通中学中共计发放学生问卷 660 份，回收问卷 653 份，其中有效问卷 639 份，有效回收率为 96.82%；教师问卷 300 份，回收问卷 247 份，其中有效问卷 242 份，有效回收率为 80.67%；领导问卷 52 份，回收问卷 45 份，其中有效问卷 43 份，有效回收率为 82.69%。在对问卷进行统计分析之后，对问卷反映出来的"相关人员有开展参与式教学设计的需求，为何却不愿意开展参与式教学设计"等问题进行了进一步的深入调查与分析。各个样本的具体分布情况如下。

（一）学生样本

　　学生样本的选取，先根据学校位置、学段对学校进行分类，分为城市学校和乡镇学校、初级中学和高级中学，在城乡、初高两类学校中分别选择一定数量的学校，然后对所选择学校的学生根据快班、平行班等进行分层，分层之后通过整群抽样的方式来选取学生样本。考虑到高二学生能较稳定地反映高中生的特点，初二学生能较稳定地反映初中生的特点，本次问卷调查所选取的学生样本均为高二和初二的学生。学生样本分布情况如表 4-1 所示。

表 4-1　　　　　　　学生样本分布情况

类别	类型	样本数（人）	百分比（%）
学校位置	城市	341	53.4
	乡镇	298	46.6
学段	初中	288	45.1
	高中	351	54.9
性别	男	343	53.7
	女	296	46.3

续表

类别	类型	样本数（人）	百分比（%）
学习成绩	优生	157	24.6
	中生	347	54.3
	学困生	135	21.1
家庭位置	城市	139	21.8
	乡镇	126	19.7
	农村	374	58.5

（二）教师样本

教师样本的选取，先根据学校位置、学段对学校进行分类，分为城市学校和乡镇学校、初级中学和高级中学，分类之后以随机抽样的方式在城乡、初高两类学校中选取数量相当的教师样本。教师样本分布情况如表4－2所示。

表4－2　　　　　　　　　教师样本分布情况

类别	类型	样本数（人）	百分比（%）
学校位置	城市	128	52.9
	乡镇	114	47.1
学段	初中	94	38.8
	高中	148	61.2
性别	男	127	52.5
	女	115	47.5
年龄	35岁及以下	121	50.0
	36~50岁	110	45.5
	51岁及以上	11	4.5
学历	专科及以下	93	38.4
	本科及以上	149	61.6

续表

类别	类型	样本数（人）	百分比（%）
职称	初级	100	41.3
	中级	116	47.9
	高级	26	10.7

（三）领导样本

领导样本的选取，先根据学校位置、学段对学校进行分类，分为城市学校和乡镇学校、初级中学和高级中学，分类之后将凡能找到且愿帮忙填问卷的领导，均选取为问卷调查对象。领导样本分布情况如表4-3所示。

表4-3 　　　　　　　　领导样本分布情况

类别	类型	样本数（人）	百分比（%）
学校位置	城市	24	55.8
	乡镇	19	44.2
学段	初中	18	41.9
	高中	25	58.1
性别	男	38	88.4
	女	5	11.6
年龄	35岁及以下	11	25.6
	36~50岁	25	58.1
	51岁及以上	7	16.3
学历	专科及以下	4	9.3
	本科及以上	39	90.7
职称	初级	3	7.0
	中级	16	37.2
	高级	24	55.8

第三节 问题查证

一、开展参与式教学设计的必要性与可行性

（一）相关群体对开展参与式教学设计必要性的认识

在"您（你）认为有必要开展参与式教学设计吗？"这一问题上，学生、教师、领导三个样本群体的回答情况如表4－4所示。

表4－4 学生、教师、领导对开展参与式教学设计必要性的认识　　　　单位：%

样本群体	很有必要	有一定的必要	没有必要	说不清楚
学生（总）	27.9	59.5	5.2	7.5
教师（总）	25.2	62.4	7.9	4.5
领导（总）	20.9	65.1	9.3	4.7

由表4－4可见，学生、教师、领导三个样本群体，认为有必要开展参与式教学设计的均达到了八成以上，而认为没有必要开展参与式教学设计的不足一成。由此可见，学生、教师、领导对开展参与式教学设计的必要性均有较高的认同。应用统计检验对三个样本群体的认识情况做一比较分析，学生与教师在这一问题的认识上差异不显著（$T = 0.103$，$P = 0.918 > 0.05$），学生与领导在这一问题的认识上差异不显著（$T = -0.431$，$P = 0.666 > 0.05$），教师与领导在这一问题的认识上差异不显著（$T = -0.504$，$P = 0.614 > 0.05$），这表明学生、教师、领导在这一问题的认识上具有较高的一致性，均对开展参与式教学设计有较高的需求。

（二）相关群体对开展参与式教学设计可行性的认识

在"您（你）认为当前开展参与式教学设计可行吗？"这一问题上，学

生、教师、领导三个样本群体的回答情况如表4-5所示。

表4-5　　　　学生、教师、领导对开展参与式教学设计可行性的认识　　　单位：%

样本群体	完全可行	比较可行	不可行	说不清楚
学生（总）	23.8	58.7	6.9	10.6
教师（总）	10.3	67.8	10.7	11.2
领导（总）	11.6	58.1	16.3	14.0

由表4-5可见，学生、教师、领导三个样本群体，认为开展参与式教学设计可行的均达到了七成左右，而认为开展参与式教学设计不可行的以及认识模糊的均为一成左右。由此可见，学生、教师、领导对开展参与式教学设计的可行性均有较高的认同。应用统计检验对此做一比较分析，学生与教师在这一问题的认识上差异非常显著（T = -2.910，P = 0.004 < 0.01），学生与领导在这一问题的认识上差异显著（T = -2.089，P = 0.037 < 0.05），教师与领导在这一问题的认识上差异不显著（T = -0.749，P = 0.454 > 0.05）。这说明，相比较而言，学生在开展参与式教学设计是否可行这一问题上比教师和领导更为乐观，对开展参与式教学设计可行性有更高的认同。对此所作的进一步调查研究发现，造成这一差异的原因主要是相较于学生，教师、领导对开展参与式教学设计的困难有更为清楚的认识。

二、参与式教学设计的适用面及开展前景

（一）相关群体对参与式教学设计适用面的认识

在"您（你）认为参与式教学设计对学生的适用面如何？"这一问题上，学生、教师、领导三个样本群体的回答情况如表4-6所示。

表 4 – 6 　　　　　学生、教师、领导对参与式教学设计适用面的认识　　　单位：%

样本群体	适合所有学生	适合部分学生	对所有学生都不适合	说不清楚
学生（总）	18.3	73.2	1.6	6.9
教师（总）	8.3	86.4	1.2	4.1
领导（总）	9.3	83.7	2.3	4.7

由表 4 – 6 可见，学生、教师、领导三个样本群体，认为参与式教学设计适合所有学生的不足两成，认为参与式教学设计适合部分学生的超过七成，认为参与式教学设计对所有学生都不适合以及认识模糊的总计不足一成，这说明学生、教师、领导的主流意见是参与式教学设计仅适合部分学生。应用统计检验对此做一比较分析，学生与教师在这一问题的认识上差异不显著（$T = -0.987$，$P = 0.324 > 0.05$），学生与领导在这一问题的认识上差异不显著（$T = -0.494$，$P = 0.622 > 0.05$），教师与领导在这一问题的认识上差异不显著（$T = -0.127$，$P = 0.899 > 0.05$），这说明三者在这一问题的认识上高度一致。

在"你认为参与式教学设计适合你吗？"这一问题上，学生样本群体的回答情况如表 4 – 7 所示。

表 4 – 7 　　　　　学生对参与式教学设计是否适合自己的看法　　　单位：%

样本群体	非常适合	比较适合	不太适合	很不适合	说不清楚
学生（总）	22.5	52.4	14.2	2.0	8.8
学生（男）	22.2	49.6	14.9	2.9	10.5
学生（女）	23.0	55.7	13.5	1.0	6.8
学生（初中）	27.8	49.0	14.2	2.8	6.3
学生（高中）	18.2	55.3	14.2	1.4	10.8
学生（城市）	25.8	49.0	14.1	3.2	7.9
学生（乡镇）	18.8	56.4	14.4	0.7	9.7
学生（优生）	33.8	50.3	6.4	4.5	5.1

续表

样本群体	非常适合	比较适合	不太适合	很不适合	说不清楚
学生（中生）	19.6	55.6	14.4	1.2	9.2
学生（学困生）	17.0	46.7	23.0	1.5	11.9

由表 4-7 可见，对于学生样本群体总体，认为参与式教学设计适合自己的超过七成，而认为参与式教学设计不适合自己的不足两成，认为适合的远远超过认为不适合的。应用统计检验对此做一比较分析，学生（男）与学生（女）在这一问题的看法上差异显著（T = 2.012，P = 0.045 < 0.05），学生（女）比学生（男）有更高比率认为参与式教学设计适合自己。学生（初中）与学生（高中）在这一问题的看法上差异显著（T = -2.380，P = 0.018 < 0.05），学生（初中）比学生（高中）有更高比率认为参与式教学设计适合自己。学生（城市）与学生（乡镇）在这一问题的看法上差异不显著（T = -0.890，P = 0.374 > 0.05）。学生（优生）与学生（中生）在这一问题的看法上差异非常显著（T = -2.745，P = 0.006 < 0.01），学生（优生）比学生（中生）有更高比率认为参与式教学设计适合自己，学生（优生）与学生（学困生）在这一问题的看法上差异非常显著（T = -3.701，P = 0.000 < 0.01），学生（优生）比学生（学困生）有更高比率认为参与式教学设计适合自己，学生（中生）与学生（学困生）在这一问题的看法上差异不显著（T = -1.763，P = 0.079 > 0.05），可见相比较而言，学生（优生）对参与式教学设计适合自己的认同率最高。

（二）相关群体对参与式教学设计前景的看法

在"您（你）对参与式教学设计的前景如何看待？"这一问题上，学生、教师、领导三个样本群体的回答情况如表 4-8 所示。

表 4-8　　学生、教师、领导对参与式教学设计前景的看法　　单位：%

样本群体	会逐渐受到重视，得以广泛开展，并落到实处	如果不搞好各种配套改革（如考试制度改革），就无法落到实处	走走形式，落不到实处，最终会被取消	其他
学生（总）	53.2	33.5	7.0	6.3

样本群体	会逐渐受到重视，得以广泛开展，并落到实处	如果不搞好各种配套改革（如考试制度改革），就无法落到实处	走走形式，落不到实处，最终会被取消	其他
教师（总）	31.0	62.4	4.1	2.5
领导（总）	25.6	60.5	9.3	4.7

由表4－8可见，对于参与式教学设计的前景，学生样本群体的主流意见是参与式教学设计"会逐渐受到重视，得以广泛开展，并落到实处"，而教师、领导样本群体的主流意见是"如果不搞好各种配套改革（如考试制度改革），就无法落到实处"。应用统计检验对此做一比较分析，学生与教师在这一问题的看法上差异显著（T = －2.208，P = 0.028 < 0.05），学生与领导在这一问题的看法上差异显著（T = －2.272，P = 0.027 < 0.05），教师与领导在这一问题的看法上差异不显著（T = －1.384，P = 0.168 > 0.05）。可见，相较于教师与领导，学生对参与式教学设计的前景更为乐观。对此所作的进一步调查分析发现，学生更多的是从参与式教学设计的价值以及所能起到的作用方面来考虑参与式教学设计的前景，而教师与领导则更多是从开展参与式教学设计所需要的条件以及所面临的困难方面来思考参与式教学设计的前景。

三、参与式教学设计开展过程中的相关问题

(一) 相关群体对学生参与能力的看法

在"您（你）认为贵校学生（自己）有能力参与教学设计吗?"这一问题上，学生、教师、领导三个样本群体的回答情况如表4－9所示。

表4－9　　学生、教师、领导对学生是否有能力参与教学设计的看法　　单位：%

样本群体	有	没有	说不清楚
学生（总）	46.8	8.0	45.2

样本群体	有	没有	说不清楚
教师（总）	74.4	2.1	23.6
领导（总）	69.8	4.7	25.6

由表4-9可见，对于学生样本群体，有近五成的学生认为自己有能力参与教学设计，认为自己没有能力参与教学设计的不足一成，而对于教师、领导两个样本群体，有七成左右的教师、领导认为学生有能力参与教学设计，认为学生没有能力参与教学设计的不足一成，三个样本群体都有较高比率对学生有能力参与教学设计表示认同。应用统计检验对此做一比较分析，学生与教师在这一问题的看法上差异非常显著（$T = 7.398$，$P = 0.000 < 0.01$），学生与领导在这一问题的看法上差异非常显著（$T = 3.053$，$P = 0.004 < 0.01$），教师与领导在这一问题的看法上差异不显著（$T = -0.469$，$P = 0.639 > 0.05$）。可见，教师、领导对学生参与教学设计的能力相对乐观，而学生自身却对此不太自信。对此问题所作的深入调查分析发现，造成这种差异的原因主要是教师、领导对教学设计比较了解，相应地就比较清楚学生是否有能力参与教学设计，而学生对教学设计过程并不太了解，对于不太了解的事物学生不敢妄加判断，所以对此认识模糊的学生比较多。

在上面这一问题上，学生内部各个群体对这一问题的看法如表4-10所示。

表4-10　　学生内部各个群体对自己是否有能力参与教学设计的看法　　单位：%

样本群体	有	没有	说不清楚
学生（男）	46.4	9.0	44.6
学生（女）	47.3	6.8	45.9
学生（初中）	49.7	7.3	43.1
学生（高中）	44.4	8.5	47.0
学生（城市）	51.3	6.5	42.2
学生（乡镇）	41.6	9.7	48.7
学生（优生）	58.0	2.5	39.5

续表

样本群体	有	没有	说不清楚
学生（中生）	44.7	7.8	47.6
学生（学困生）	39.3	14.8	45.9

应用统计检验对学生内部各个群体在这一问题上的看法进行比较分析，学生（男）与学生（女）在这一问题的看法上差异不显著（T = - 0.052，P = 0.958 > 0.05）。学生（初中）与学生（高中）在这一问题的看法上差异不显著（T = - 1.201，P = 0.230 > 0.05）。学生（城市）与学生（乡镇）在这一问题的看法上差异显著（T = - 2.126，P = 0.034 < 0.05），学生（城市）比学生（乡镇）有更高比率认为自己有能力参与教学设计。学生（优生）与学生（中生）在这一问题的看法上差异显著（T = - 2.301，P = 0.022 < 0.05），学生（优生）比学生（中生）有更高比率认为自己有能力参与教学设计，学生（优生）与学生（学困生）在这一问题的看法上差异显著（T = - 2.262，P = 0.024 < 0.05），学生（优生）比学生（学困生）有更高比率认为自己有能力参与教学设计，学生（中生）与学生（学困生）在这一问题的看法上差异不显著（T = - 0.399，P = 0.690 > 0.05），可见相比较而言，学生（优生）对自己有能力参与教学设计的认同率最高。

（二）相关群体对教师指导能力的看法

在"您（你）认为贵校教师（自己）能胜任参与式教学设计的指导吗？"这一问题上，学生、教师、领导三个样本群体的回答情况如表4-11所示。

表4-11 学生、教师、领导对教师是否能胜任参与式教学设计指导的看法 单位：%

样本群体	完全能胜任	基本能胜任	经过适当培训后能胜任	不能胜任	说不清楚
学生（总）	8.5	28.2	35.8	6.4	21.1
教师（总）	14.9	55.8	24.8	0.0	4.5
领导（总）	11.6	51.2	27.9	2.3	7.0

由表 4 - 11 可见，学生样本群体认为教师"基本能胜任""经过适当培训后能胜任"以及认识模糊的各占三成左右；而教师样本群体认为"完全能胜任""基本能胜任"的总共达到七成，另有二成多认为"经过适当培训后能胜任"；领导样本群体认为"完全能胜任""基本能胜任"的总共达到六成，另有二成多认为"经过适当培训后能胜任"。应用统计检验对此做一比较分析，学生与教师在这一问题的看法上差异非常显著（T = 10.786，P = 0.000 < 0.01），学生与领导在这一问题的看法上差异非常显著（T = 3.205，P = 0.001 < 0.01），教师与领导在这一问题的看法上差异不显著（T = - 1.249，P = 0.213 > 0.05）。相比较而言，教师、领导对教师能胜任参与式教学设计的指导比较乐观，而学生对教师的指导能力则有一定的怀疑。

（三）相关群体对参与式教学设计如何开展的看法

在"您（你）认为参与式教学设计以何种方式开展为最好?"这一问题上，学生、教师、领导三个样本群体的回答情况如表 4 - 12 所示。

表 4 - 12　　　学生、教师、领导对参与式教学设计如何开展的看法　　　单位: %

样本群体	通过教师征询学生意见的方式	通过教师与学生之间讨论、协商的方式	通过学生自主设计，教师充当参谋的方式	其他
学生（总）	13.0	63.1	20.2	3.8
教师（总）	14.5	64.0	18.2	3.3
领导（总）	16.3	65.1	14.0	4.7

由表 4 - 12 可见，对于学生、教师、领导三个样本群体，有超过六成认为"教师与学生之间讨论、协商的方式"为最好，另外两种方式的认同率均在一成半左右。应用统计检验对此做一比较分析，学生与教师在这一问题的看法上差异不显著（T = 0.857，P = 0.391 > 0.05），学生与领导在这一问题的看法上差异不显著（T = 0.721，P = 0.471 > 0.05），教师与领导在这一问题的看法上差异不显著（T = 0.300，P = 0.764 > 0.05）。可见，三个样本群体在这一问题的看法上具有高度的一致性，均对以"教师与学生之间讨论、

协商的方式"开展参与式教学设计有较高的认同。

（四）相关群体对参与式教学设计实施过程中管理问题的看法

在"您（你）认为应如何处理参与者之间意见不一致的问题？"这一问题上，学生、教师、领导三个样本群体的回答情况如表 4 – 13 所示。

表 4 – 13　　学生、教师、领导对如何处理参与者之间意见不一致的看法　　单位：%

样本群体	根据照顾大多数的原则加以处理	由教师充当裁判，加以判断，并作出决策	让学生自行协商，并作出决策	其他
学生（总）	27.7	26.9	35.8	9.5
教师（总）	20.7	44.6	26.0	8.7
领导（总）	23.3	44.2	27.9	4.7

由表 4 – 13 可见，学生样本群体对三种处理方式的认同率都在三成左右，其中对"让学生自行协商，并作出决策"的认同率最高，达到 35.8%；教师、领导两个样本群体，对"根据照顾大多数的原则加以处理"和"让学生自行协商，并作出决策"的认同率均为二成左右，而对"由教师充当裁判，加以判断，并作出决策"的认同率将近五成。可见，相对而言，学生对提高自身的自主性、参与决策有较强烈的要求，而教师、领导则倾向于继续变相拥有决策权威。

四、参与式教学设计的效果及负面影响

（一）相关群体对参与式教学设计效果的看法

在关于参与式教学设计效果的诸问题上，学生、教师、领导三个样本群体的回答情况如表 4 – 14 所示。

表 4－14　　　学生、教师、领导对参与式教学设计效果的看法　　　单位：%

效果	样本群体	是	否	说不清楚
提高学生的学习积极性和主动性	学生（总）	76.5	1.7	21.3
	教师（总）	89.3	0.8	9.9
	领导（总）	88.4	2.3	9.3
提高学生的学习责任心	学生（总）	68.1	3.9	28.0
	教师（总）	71.9	4.1	24.4
	领导（总）	69.8	4.7	25.6
提高学生的学习兴趣	学生（总）	75.1	2.8	22.1
	教师（总）	88.8	0.4	10.7
	领导（总）	86.0	2.3	11.6
改进学生的学习方式	学生（总）	66.5	4.4	29.1
	教师（总）	79.3	3.3	17.4
	领导（总）	74.4	2.3	23.3
提高学生的自主学习能力	学生（总）	61.3	7.7	31.0
	教师（总）	75.2	6.2	18.6
	领导（总）	81.4	7.0	11.6
促进学生学会合作与分享	学生（总）	72.8	4.5	22.7
	教师（总）	77.3	2.9	19.8
	领导（总）	79.1	4.7	16.3
提高教学效果	学生（总）	58.1	3.1	38.8
	教师（总）	52.1	0.4	47.5
	领导（总）	55.8	2.3	41.9
促进师生间的相互理解、相互尊重	学生（总）	86.4	1.6	13.0
	教师（总）	85.5	1.2	13.2
	领导（总）	83.7	2.3	14.0

由表 4－14 可见，学生、教师、领导三个样本群体，对以上提及的参与式教学设计可能达成的各项效果的认同率均达到五成以上。其中对于"参与式教学设计有助于促进师生间的相互理解、相互尊重""参与式教学设计有

助于提高学生的学习积极性和主动性""参与式教学设计有助于提高学生的学习兴趣""参与式教学设计有助于促进学生学会合作与分享"四项效果，三个样本群体均有较高的认同，认同率均超过七成。对于三个样本群体，认同率最低的均为"参与式教学设计有助于提高教学效果"，其中学生样本群体的认同率仅为58.1%，教师样本群体的认同率仅为52.1%，领导样本群体的认同率仅为55.8%，这说明三者均对参与式教学设计在提高教学效果方面的价值与作用最没有信心。

（二）相关群体对参与式教学设计负面影响的看法

在关于参与式教学设计可能带来的负面影响的诸问题上，学生、教师、领导三个样本群体的回答情况如表 4 - 15 所示。

表 4 - 15　　　学生、教师、领导对参与式教学设计负面影响的看法　　单位：%

负面影响	样本群体	是	否	说不清楚
加重学生的负担	学生（总）	10.8	53.1	36.2
	教师（总）	23.6	63.6	12.8
	领导（总）	30.2	51.2	18.6
影响学生的考试成绩	学生（总）	18.9	38.2	42.9
	教师（总）	29.8	38.0	32.2
	领导（总）	25.6	27.9	46.5
有损教师的教学威信	学生（总）	4.4	80.6	15.0
	教师（总）	7.0	73.6	19.4
	领导（总）	11.6	65.1	23.3
影响教学进度	学生（总）	20.3	45.4	34.3
	教师（总）	44.2	24.4	31.4
	领导（总）	51.2	27.9	20.9

由表 4 - 15 可见，学生、教师、领导三个样本群体，对以上提及的参与式教学设计可能带来的各项负面影响的认同率均比较低，大多在二成左右。对于三个样本群体，认同率最高的为"参与式教学设计影响教学进度"，学

生样本群体的认同率达到20.3%，教师样本群体的认同率达到44.2%，领导样本群体的认同率达到51.2%，认同率最低的为"参与式教学设计有损教师的教学威信"，学生样本群体的认同率仅为4.4%，教师样本群体的认同率仅为7.0%，领导样本群体的认同率仅为11.6%，这说明三者对开展参与式教学设计最为担心的是"参与式教学设计影响教学进度"，而基本上不担心"参与式教学设计有损教师的教学威信"。而对于对学生、教师、领导最为重要的，也最为关切的——"参与式教学设计影响学生的考试成绩"这一可能的负面影响，学生样本群体的认同率仅为18.9%，教师样本群体的认同率仅为29.8%，领导样本群体的认同率也仅为25.6%。由此可见，学生、教师、领导整体上对参与式教学设计可能带来的负面影响并不是很担心。相比较而言，对于每一项可能的负面影响，学生样本群体的认同率均低于教师样本群体和领导样本群体，这说明学生对这些负面影响的担心程度远低于教师和领导。

五、开展参与式教学设计面临的困难

通过实地考察以及访谈调查等发现，开展参与式教学设计面临的困难主要有："升学压力""学校物质条件、信息资料及经费的困难""班额过大""学校领导不支持""教师没有开展参与式教学设计的动力""教师教学任务重，没有时间与精力开展参与式教学设计""教师知识、能力、水平等方面的限制""学生没有参与的意愿""学生时间太紧，没时间参与教学设计""学生没有参与能力"等。在问卷调查中，在"您（你）认为开展参与式教学设计最主要的困难是？"这一问题上，学生、教师、领导三个样本群体的回答情况如表4－16所示。

表4－16　　学生、教师、领导对开展参与式教学设计最主要困难的看法　　单位：%

主要困难	样本群体		
	学生（总）	教师（总）	领导（总）
升学压力	26.6	43.8	48.8
学校物质条件、信息资料及经费的困难	9.9	12	20.9

续表

主要困难	样本群体		
	学生（总）	教师（总）	领导（总）
班额过大	15.2	14.5	14
学校领导不支持	8.3	4.5	0
教师没有开展参与式教学设计的动力	8.1	1.7	4.7
教师教学任务重，没有时间与精力开展参与式教学设计	9.4	10.3	7
教师知识、能力、水平等方面的限制	2	3.7	0
学生没有参与的意愿	4.5	2.1	2.3
学生时间太紧，没时间参与教学设计	11.6	2.9	0
学生没有参与能力	4.4	4.5	2.3

由表4－16可见，学生、教师、领导三个样本群体，将"升学压力"视为最主要的困难的人数最多，学生样本群体达到26.6%，教师样本群体达到43.8%，领导样本群体达到48.8%。此外，对于"班额过大""教师教学任务重，没有时间与精力开展参与式教学设计""学生时间太紧，没时间参与教学设计""学校物质条件、信息资料及经费的困难"四项困难，三个样本群体中分别有一成左右的人将之列为最主要的困难。由此可见，在学生、教师、领导看来，"升学压力"是诸困难中最主要的困难，另外，"班额过大""教师教学任务重，没有时间与精力开展参与式教学设计""学生时间太紧，没时间参与教学设计""学校物质条件、信息资料及经费的困难"这四项困难也对参与式教学设计的开展有着很强的阻碍作用，而其他几类困难的影响则相对较小。

根据各项困难的性质与特点，可将参与式教学设计面临的诸困难分为外部环境方面的困难、课堂内部的困难和相关人员方面的困难三类，各种困难的具体情况如下。

（一）外部环境方面的困难

1. 升学压力

在现行的教育体制和评价机制下，普通中学都面临着巨大的升学压力。

每年教育行政主管部门都给普通中学下达一定的升学指标（初中具体分为国家重点高中上线指标、省级重点高中上线指标和一般高中上线指标等，高中具体分为一类名校上线指标、重点大学上线指标和一般本科上线指标等），而各普通中学则将这些升学指标具体分配到各个班、各个教师。升学任务是否完成直接影响到教育主管部门对学校工作成绩的认可度，直接影响到学校是否会被表彰以及获得相应的奖励，影响到地方财政对该校办学经费的投入，相应地也影响到教师所能获得奖励与荣誉、教师的职称评定、对教师的评估、教师将来的发展等一系列的问题。目前，相当多的家长、学生及社会公众仍习惯于仅从升学成绩这一单一的指标来判断学校的优劣以及教育的成功与否，所以升学成绩直接影响到社会各界特别是家长、学生对普通中学办学水平的认可度，家长往往根据学校每年（特别是本年度）的升学成绩来选择自己子女的就读学校，这将直接影响到学校的招生。在学生生源方面，普通中学不仅面临着和当地县市同类中学的激烈竞争，而且还面临着外县市的公办、民办优秀学校在学生生源方面的竞争，而且即使是一些教育质量比较好的学校，如本次调查中的绵阳中学，为保持对优秀生源的吸引力，也千方百计地提高学校升学率，尤其是考入名校、重点大学学生的比率。可以毫不夸张地说，目前几乎所有的普通中学都面临着学生生源大战，只是程度有所不同而已。可见，升学成绩已在很大程度上决定着学生、教师及学校的命运，已成为学校的生命线，教师评优晋级的砝码，学生将来生存与发展的基础。

升学已经影响到学校工作的方方面面，学校的一切工作都围着升学这个指挥棒来转，学校工作的中心已成为千方百计地提高学校升学成绩，学校领导所要做的就是确保学校在升学中取得优异的成绩，教师的任务则是提高学生的学习成绩，学生则为在升学考试中获得优秀的分数而努力奋斗。为使学生增大在升学中取得佳绩的可能性，各普通中学都在不同程度地加大教学的量，很多学校都在补课，有的学校甚至周一到周六全天上课，周日下午还要到校上自习，每个月才放一次月假（周六和周日放假），可以休息两天。而且学校的教学也紧紧围绕着考试科目而展开，考试科目的教学量远远超过国家规定的课时量，而非考试科目的教学时间则被不同程度地压缩。例如，国家课程标准规定普通高中英语课程的周课时量为 4 节，而调查中的普通高中学校一般一周要上 6~8 节，有的学校甚至达到了 9 节。又如，国家课程标准规定音乐、美术等艺术类课程在普通高中应开设到高三下学期，而很多学校在高二就没有开这类课程了。学校几乎将所有的精力与时间都投入到提高学生的升学成绩中，而对其他与升学无直接相关的事物基本上是视而不见。在这种情况下，如果学校领导、教师对于一些与升学并不直接相关，不能提高升学考试成绩的事，并没有什么积极性与主动性，也就不难理解了。就目前的情况来看，升学压力是普通中学校开展参与式教学设计所面临的最大困难。

2. 学校物质条件、信息资料及经费的不足

除少数优秀学校可以通过择校费等来筹措经费外，一般学校的收入基本上完全靠上级主管部门的拨款，而这些拨款不被克扣、按时足量划拨已算幸运了。在访谈中一些学校领导形象地将自己比作"叫化子"，时常到教育主管部门去讨要学校的办学经费以及全校教职工的糊口费。目前普通中学教师的流动性很大，一些待遇低的学校教师大量外流。对于普通中学而言，优秀师资争夺战并不逊色于学生生源大战。为保住本校的优秀师资以及保持对外校优秀师资的吸引力，普通中学校都想方设法地提高教师的待遇。普通中学校的经费本已十分紧张，而且有限的收入还要投入到提高教师待遇等之中，这样在经费有限且经费还有其他更重要用途的前提下，要学校为开展参与式教学设计提供必要的经费支持显然不太可能，这使得想通过增大学校投入来推动参与式教学设计的开展显得不太现实。学校办学经费的紧张，致使学校的物质条件、信息资料也随之深陷困境。在调查中发现，即使是国家规定配备的实验设备设施、图书资料等，除少数优秀学校外，大多数学校或多或少地存在配备不齐的问题，有的学校甚至连保证基本教学都有一定困难，更不用说给开展参与式教学设计提供有力的支撑，这使得普通中学校开展参与式教学设计受到了很大的限制。

3. 无法从家长处获得实质性支持

虽然在访谈调查中了解到有三成左右的家长对学校开展参与式教学设计表示支持，有过半数的家长对此持一种观望态度，持反对意见的家长不足两成。但经进一步深入调查发现，即使对学校开展参与式教学设计表示支持的家长，也只是一种口头上的支持，家长根本不愿意与学校和教师一道承担开展参与式教学设计的压力与风险。许多家长仍然存在着将升学视为孩子到校读书的唯一目的的看法，他们中的大多数虽不直接反对开展参与式教学设计，

但有一前提那就是参与式教学设计的开展不能影响学生的升学。如果一旦发现开展参与式教学设计会影响到学生升学，他们立即会对此表示反对。在访谈中一位家长曾明确表示："我将孩子送到学校里来，就是要让你们帮助他考上高一级学校，至于你们开些什么课，怎么教，我不管。但是，如果所教的内容与升学无关，影响了学生的升学，我是不会答应的"，而且进一步调查发现持这种态度的家长达半数以上。可见，开展参与式教学设计目前还无法从家长处得到有力的支持，寄希望于家长支持不太现实，参与式教学设计的开展基本上还得依靠学校、教师自身的力量。

（二）课堂内部的困难

课堂内部困难主要是指普通中学的班额过大以及由此引发的课堂管理等问题。通过调查了解到，目前各个中学的班额普遍比较大，一个班的学生一般在 50~80 人之间，而有的学校的班额甚至达到一个班 90 多人。班额比较大，给教师的教学带来一系列问题。第一，班额过大，学生过多，对教师的时间、精力等是一大考验，摸清如此众多的学生的兴趣、爱好、习性等，以及作业批改、课后辅导、个别性谈话等都是问题。第二，学生比较多，其差异性相应地就比较大，要关注这么多学生的兴趣爱好有一定困难，要照顾到所有学生的意见则更为困难，要设计出所有学生均比较满意的教学方案则尤为困难。第三，学生如此多，组织学生开展活动就比较困难，调查中发现由于班额较大，许多教师很少开展课堂活动，更不用说进行活动教学了，甚至课堂提问也很少采用抽问的方式，而是采用让全班学生齐答的方式。第四，中学生活泼好动，中学课堂本身就不太好管理，大多数教师都曾为或正在为课堂管理问题而焦头烂额。班额较大，学生意见比较分散，参与过程中出现管理问题的可能性就比较大，用教师的话说就是容易出现"满塘青蛙叫"的现象。第五，班额大，学生多，意见就比较杂，要达成一致就比较困难，而且交流、讨论所需的时间相应就比较长，这对教学的进度、教学任务的完成就会造成一些影响。参与式教学设计要关注所有学生的兴趣、需要，要广泛听取并遵循各方的意见，要在充分讨论、交流的基础上，通过协商等达成一致，而以上提及几方面情况势必会对参与式教学设计的开展产生一定的障碍。

（三）相关人员方面的困难

1. 相关人员的认识与态度

虽然通过访谈调查、问卷调查发现，学生、教师、领导均对开展参与式教学设计的必要性有较高的认同，同时对参与式教学设计可能取得的大多数效果也多持肯定态度，对开展参与式教学设计也有一定的意愿，但面对开展参与式教学设计所要面临的困难与麻烦，所要消耗的人力、物力等，以及出于对参与式教学设计可能影响教学进度、影响学生的考试成绩等的担心，领导、教师对开展参与式教学设计有点望而却步，领导不太支持在其所在的学校中开展参与式教学设计，教师对开展参与式教学设计也缺乏动力。在"您支持贵校开展参与式教学设计吗？"这一问题上，领导样本群体选择"支持"的仅为20.9%，选择"不支持也不反对"的高达67.4%，选择"反对"的也只有11.6%。可见，对于开展参与式教学设计，大多数领导对此的态度是不支持也不反对，通过深入访谈发现，大多数领导的观点是"开展参与式教学设计还是有必要，但是学校没有时间精力以及相应的经费去开展这项活动。如果有教师要开展这项活动，我们也不反对，但我们没法给他（她）提供条件、经费等方面的支持。"通过对教师的访谈调查发现，教师对此的普遍性看法是，开展参与式教学设计确实有必要，但是面对如此多的困难，领导又不是很支持，教师对此没多少意愿与动力，用教师的话说就是"这种事吃力不讨好，不愿去蹚这趟浑水。"而且，领导、教师、学生对参与式教学设计的理念、特点等还不是很了解，对参与式教学设计的价值与作用还持观望与怀疑的态度，没有完全认识到开展参与式教学设计的重要性。领导对参与式教学设计能否很支持，教师对开展参与式教学设计能否有热情与动力，这直接影响到参与式教学设计能否开展。

2. 相关人员的时间与精力

由于面临中考、高考的沉重压力，各普通中学均将教学时间抓得比较紧，普通初中学校周六一般都要补课，普通高中学校周六补课更是常态化，部分学校甚至周日也补课。例如，笔者当时开展实验的学校一周要上六天课，周六晚上和周日上午还要上自习，并要求每个班要有一名教师值守，周日下午才放半天假，一个月才放一次月假。目前，普通中学教师的工作任务非常繁重，专职教师平均每周课时量为 14 节课左右，此外还有 6 ~ 8 节早晚自习，加上备课、批改作业、辅导答疑、制作考卷等，大多数教师的工作量都超标。而开展参与式教学设计，可能会增加教师的工作量，尤其对处于探索阶段的教师来说，付出的劳动可能就更多。对于这一点，在问卷调查中，在"您认为参与式教学设计是否会加重教师的负担？"这一问题上，教师样本群体选择"是"的高达 66.5%，选择"否"的为 21.5%，选择"说不清楚"的为 12.0%，这也反映出大多数教师都比较担心开展参与式教学设计会加重教师的负担。同时，当前学生的学习任务也很重，中学生每天上午一般上 5 节课外加 1 节早自习，下午 4 节课，晚上有读报时间 20 分钟（这段时间是名义上的读报时间，实质上大多数学校根本就没读报，而是在上自习），外加 3 ~ 4 节晚自习，晚自习一般要上到 22：00 点之后，而且在学生很有限的放假休息时间，还有很多作业等着学生去完成。在教学任务和学习任务十分繁重的情况下，很多教师和学生对于教学、学习之外的事是能推就推。虽然自己也觉得有些活动有价值、有意义，想去开展或参加，但面对繁重的教学、学习任务时，显得心有余而力不足。教师、学生对学校安排下来的一些比赛、文艺活动，大多是可不参加就尽量不参加，很多即使参加也只是完成任务了事，要让教师、学生等自己积极、主动地开展一些新活动（不管活动是无意义的，还是有意义的），确实有一定的困难。

3. 相关人员的知识水平与能力

参与式教学设计让学生参与教学设计，师生间相互交流、相互探讨、通力协作，共同为教学设计的成功、相应效果的达成做出努力，这与传统的教学设计方式有着重大区别，开展参与式教学设计无疑会对教师、学生等提出新的要求。首先，学生、教师必须认识与理解参与式教学设计的理念与特征等，这对其理解、掌握能力有一定的要求。其次，对于教师指导能力的要求有所提高，对其交流、沟通、组织、协调等能力都有了更高的要求，对于教师的倾听与管理能力也有了更进一步的要求。同时不同于传统教学设计有固定的模式可循，参与式教学设计是过程导向的，在过程之中各种想法、意见等都可能涌现，很多内容都是在过程中动态生成的，这对老师驾驭过程的能力、处理冲突、协调学生意见以及灵活机智和随机应变的能力都有了更进一步的要求。最后，参与式教学设计要求学生从习惯于接受教师提供的教学设计产品中"走出来",积极参与教学设计过程,必然要求学生掌握相应的参与方法、参与策略等,同时对学生的分析、设计以及表达能力等也有了进一步的要求。若教师、学生不具备相应的能力与水平,参与式教学设计根本无法有效开展,而且即使开展也有可能变样,教师无法有效指导与管理学生,学生之间无法倾听对方意见,开展参与式教学设计成为一场争吵与闹剧。在目前的情形下,教师、学生的相应能力与水平,尤其是教师的组织协调能力还达不到要求,这势必对参与式教学设计的开展造成影响。

第四节 讨论

综合实地考察、访谈调查、问卷调查情况,可以得出两点结论性的论断:第一,学生、教师、领导等相关人员对开展参与式教学设计的必要性有较高的认同,对开展参与式教学设计有一定的需求;第二,开展参与式教学设计面临外部环境、课堂内部以及相关人员方面的诸多困难与阻力。对各种困难加以综合分析,会发现外部环境方面的困难和课堂内部的困难虽无法完全消除与避免,但可以通过采取适当措施来减少与降低其影响;相关人员方面的困难,可以通过思想动员、培训等来加以部分克服与解决。具体分析与讨论情况如下:

第一,参与式教学设计与学生升学并不完全对立。开展参与式教学设计需要一定的资源,需要占用相关人员一定的时间与精力,这必然会对投入到升学备考中的资源、时间、精力等产生一定的影响,开展参与式教学设计与升学备考势必有一定的冲突,但是通过合理处理二者的关系,可以有效降低这种冲突。例如,可以利用学生晚自习的时间开展参与式教学设计,尽量降低其对学生、教师的时间与精力等的占用。而且,参与式教学设计最直接的目标就是要设计出更切合学生个性特点的教学方案,从而更好地开展教学,从这一点来看参与式教学设计有有利于提高教学效果、提高学生学业成绩的一面。因此,倘若参与式教学设计开展得好,不但不会影响学生的学业成绩,反而还对学生学业成绩的提高、学生的升学有一定的促进作用。由此可见,参与式教学设计与学生升学并不完全矛盾,只要合理处理二者的关系,升学压力就不会对参与式教学设计的开展产生多大障碍，甚至升学压力还有可能成为开展参与式教学设计的推动力。

第二，学校物质条件、信息资料及经费的不足对参与式教学设计的开展并无大碍。学校物质条件、信息资源及经费方面的困难确实对参与式教学设计的顺利开展有一定的限制，但目前普通中学教育经费普遍比较紧张，大多数学校的办学经费并不充足，因此要专门为开展参与式教学设计改善物质条件，增添图书资料和划拨额外经费并不现实。然而可喜的是，参与式教学设计并不是一种"富贵"活动，也不"娇气"，它是一种灵活多变，有很强适应性的活动。条件优越有条件优越的开展方式，条件贫乏也有条件贫乏的实施策略。在现有的条件下，加以灵活变通，根据现有条件，因地制宜地开展参与式教学设计，充分挖掘现有的各种资源，开展一些符合学校具体情况的参与式教学设计活动是完全可行的。例如，可以直接在教室中，利用现有的条件开展参与式教学设计，不占用额外的资源；可以通过向学生发放调查问卷、征询意见表等方式开展参与式教学设计。这些在普通中学现有的条件下完全能办到，而且也不会让学校产生多大花销，不会造成其经费上的负担。

第三，虽然家长不愿意为开展参与式教学设计提供实质性支持，但可喜的是，家长并不反对开展参与式教学设计。对于开展参与式教学设计，家长普遍性的观点是那是领导、教师的事，与"我"无关，只要不影响"我"孩子的学习就行了。家长对开展参与式教学设计大多持一种观望态度，虽不支持，但也不反对，只是对开展参与式教学设计会不会影响学生学业成绩有一定担心。倘若开展参与式教学设计不影响学生的学业成绩，家长就不会反对开展参与式教学设计。若能在不影响学生学业成绩的前提下，开展参与式教学设计还有助于学生其他方面的发展，家长也乐观其成。所以，家长对开展参与式教学设计的影响不大，只要合理处理开展参与式教学设计与学生升学方面的关系，家长就不会成为开展参与式教学设计的障碍。

第四，通过采取相应措施，可在一定程度上减少、降低课堂内部困难对参与式教学设计的影响。首先，可采取先将一个班上的学生分为若干小组，先以小组为单位进行讨论，形成小组意见后，再在全班讨论，这有利于集中处理一些问题，也有利于尽快达成一致意见，讨论中"满塘青蛙叫"的情况也可以在一定程度上避免。其次，如果以讨论方式开展参与式教学设计太难掌握，不易操作，太费时费力，可通过调查问卷、让学生写日志、写建议书等书面的形式加以处理。而且，对于一些个别问题，学生还可以采取平时找老师交谈以及教师主动找学生进行个别谈话等方式进行处理。最后，可通过师生间协商的方式来为开展参与式教学设计制定专门的管理制度，例如，可通过对违反课堂纪律的学生给予暂时取消其发言权的处罚等方式来降低课堂管理问题对开展参与式教学设计的影响。

第五，通过宣传、思想动员等，能在一定程度强化相关人员开展参与式教学设计的动力与积极性。加大宣传、动员力度，使学校领导、教师充分认识到参与式教学设计的价值与作用，尤其是让其认识到参与式教学设计在学生能力与素质发展方面的价值与作用，并使其意识到参与式教学设计是教学设计未来的发展趋势，势必要朝此方向努力。同时在条件较好的学校，在思想动员的同时，还可以考虑将是否开展参与式教学设计以及参与式教学设计开展的质量与实际奖励及待遇挂钩，从而更为有效地提高教师开展参与式教学设计的积极性，努力将这项工作干得更好。同时可考虑加大对学生的宣传力度，定期不定期地向学生介绍参与式教学设计方面的知识，使学生尽快地了解与认识参与式教学设计，尽快转变其与参与式教学设计开展不相适应的观念，促使他们支持参与式教学设计的开展，并对参与式教学设计的开展做出贡献。

第六，通过合理安排参与式教学设计，能在一定程度上避免教师、学生负担的加重。通过合理安排参与式教学设计开展的时间与方式等，可以在一定程度上避免开展参与式教学设计造成额外负担。例如，可以利用教师辅导答疑的时间来开展参与式教学设计，教师辅导答疑的时间本身就是要解决学生学习中的问题的，如果在这一时间开展参与式教学设计就基本上不会增加教师、学生的负担。又如，可以将开展参与式教学设计与学生的学习监控、自我评估以及教师的教学反思、改进提高结合起来，学生在平时将自己的问题以及对教学的建议记录下来，在适当的时候交给老师或拿出来讨论。教师也将自己备课中的困惑、不清楚学生情况的地方以及自己思考的一些心得、想做的一些改进尝试记录下来，在适当的时候询问学生或拿出来与学生讨论，这也不会花费教师、学生多少时间与精力。

第七，通过适当的培训、给予相应的指导，教师、学生能较快地掌握参与式教学设计的理念与方法等。当前教师的学历层次相比以前都有很大提高，其能力和素质已比较高，具备掌握参与式教学设计相关理念与实践操作技巧的能力，通过相应的培训与指导，教师很快就能掌握参与式教学设计的理念与方法等。而且，随着诸如研究性学习等实践活动的开展，学生的实践参与能力已比较强，让学生掌握参与式教学设计的方法并不是一件很困难的事。为此可考虑围绕参与式教学设计开展一些针对性、实效性的培训活动，具体方法可考虑通过邀请专家开展参与式教学设计讲座等，对教师给予理论指导以及操作上的示范，有针对性地进行指导、点拨来提高教师对参与式教学设计理念与方法等的掌握，通过组织教师观摩、案例学习、研讨等方式，来提高教师的指导能力以及实际操作能力等。同时，可通过专门的指导、点拨以及实践中的渗透等方式来让学生掌握参与式教学设计的理念与特征等，可通过参与方法训练以及采用先由专家、教师引上路，再逐渐放手的方式来让学生逐步掌握参与方法，并不断提高其参与教学设计的能力。

通过实地考察、访谈调查、问卷调查发现，开展参与式教学设计的现实情况是：一方面，学生、教师、领导均对开展参与式教学设计的必要性有较高的认同，并对参与式教学设计可能取得的效果多持肯定态度；另一方面，开展参与式教学设计面临外部环境、课堂内部以及相关人员方面的诸多困难。经过分析、讨论，不难发现这些困难并不足以阻止参与式教学设计的开展，根据现有的条件和状况，通过作出相应的调整以及采取适当措施，只要措施得当，方法得力，参与式教学设计在普通中学中应该能够开展下去。

第五章
参与式教学设计实施框架构建

第一节　参与式教学设计实施框架
　　　　　　构建的整体思路

一、实施目标应体现综合性与多维性

　　参与式教学设计让学生参与到教学设计的各个实施环节中，它是一项综合性的活动，它所带来的影响是多方面的，它对学生、教师、教学、师生关系等均有一定的积极作用。

　　（1）对于学生，参与式教学设计有助于学生学习兴趣、学习主动性、学习积极性的提高，学习责任感的增强以及自主、终身学习能力的发展。首先，参与式教学设计有助于提高学生的学习主动性和积极性。区别于传统教学设计学生被排斥在教学设计之外，学习过程是一个实现教师为学生设定的学习目标的过程，在参与式教学设计中学习目标是由学生参与制定，学习过程成为学生为自己的目标而努力的过程，这有利于将学生的主动性和积极性激发并释放出来。其次，参与式教学设计有利于增强学生的学习责任感。传统的教学设计完全由教师完成，没有学生的参与。教学设计得好与否，与学生毫无关系。教学设计得好，是教师的功劳；设计得不好，是教师的责任。而学

生参与教学设计，在设计过程中，师生共享设计的权利，相应地师生也共担设计的责任，教学设计质量的高与低、好与不好，与每一位参与者都密切相关，所设计的教学未取得预期的学习效果，学生也有相应的责任。这种责任感会使学生在学习过程中采取更负责的态度，而不是掉以轻心、心不在焉。最后，参与式教学设计有利于发展学生自主、终身学习能力。在参与教学设计的过程中，学生不断与教师、同学等交流合作，相互探讨，共同学习，不断建构和重构自己的学习，其组织学习、管理学习、合作学习、自主学习、终身学习等方面的能力也随之不断增强。

（2）对于教学，参与式教学设计有助于提高教学效果、教学效率等。首先，参与式教学设计有助于教学适切性的提高。在参与教学设计的过程中，学生的意见和想法得以充分表达，这有利于学生的差异性完全显现出来，有助于教师更全面、更准确地认识学生。同时，学生参与到教学设计之中，教师必须学会倾听来自学生的声音，必须对学生的意见、想法、建议、决定等加以吸纳，这有利于克服传统教学设计的师本主义倾向，促使教学设计由统一的标准化设计走向着眼于学生多样化需求的个性化设计，从而促进嵌合学生个性特点的教学方案的生成。其次，参与式教学设计有利于教学效率的提高。学生参与教学设计，学生对教学目标、教学期望以及通过教学获得的知识与能力等有了更明确的了解，学习的方向性显著增强，有利于教学过程中学生的参与和积极配合，同时教学中因沟通不畅引起的障碍也必然大幅度减少，从而有利于教学过程的顺利、高效开展，促进教学效率的有效提高。最后，参与式教学设计有利于教学效果的提高。学生参与教学设计，学生能为教学设计提供新的思路，为教学中的一些困难和问题的解决提出建设性意见，有利于群策群力，所设计出的教学方案是师生共同努力的结果，是各方都比较满意的，其质量水准必然高于由教师单独进行的教学设计。高质量的教学设计以及师生之间的高度协作，必然有助于教学效果的提高。

（3）对于教师，参与式教学设计有助于教师的专业发展。首先，在开展参与式教学设计过程中，教师需要与学生进行交流、讨论、协商等，在此过程中教师对学生的认识必将进一步深化，同时随着参与式教学设计不断开展，教师的沟通、组织、协调以及指导能力也能得到相应的锻炼与提高。其次，通过与学生的交流、讨论等，教师会发现一些新问题，会进一步认识到自身的不足，这有助于促进教师产生不断学习、不断丰富与提高自己的愿望与行动。最后，在交流过程中，学生也可能为教师提供一些好点子，一些建设性意见，也可能激发教师的一些灵感，从而促进教师教学水平的提高以及教育机制等的生长。

（4）对于师生关系，参与式教学设计有助于师生关系的进一步和谐。完全由教师进行教学设计，学生只是接受和享用教师的成果，按照教师的安排进行学习活动。这会导致学生对教师的部分做法不了解，甚至误解教师的设计构想，另外学生的想法和要求也无法有效地为教师所认识，这会使师生在教学过程中因缺乏有效的沟通与交流而产生不必要的误会。学生参与教学设计，学生对教师的构想和意图会有进一步的了解，学生的想法和意见也为教师所吸纳，这有利于消除师生之间的误解，有助于相互体谅。同时，学生参与教学设计，学生会感到他们的个性得到了尊重，差异性得到了关照，意见得到了重视，他们不再仅仅是被动的接受者，这有利于消除学生的抵触情绪、有利于学生对教师的理解和支持，同时教师也会从学生的理解与支持中获得鼓舞。

参与式教学设计具有的价值、所能起到的作用是多方面的，是综合的，这就要求在参与式教学设计实施框架构建过程中，不应局限于单一的目标，应有广阔的视野，让参与式教学设计各方面的价值与作用均能在具体实施中得以充分体现。开展参与式教学设计最直接的目标是尊重与发挥学生的主体性，让学生积极为教学设计出谋划策，以设计出更好满足学生兴趣与需要的教学方案。参与式教学设计实施框架建构应首先着眼于这一目标，并致力于这一基本目标的达成，但也不能囿于这一目标，应将参与式教学设计在促进学生、教师发展，促进教学效果与效率的提高，促进师生关系的融洽与和谐等方面的价值与作用均纳入参与式教学设计实施框架构建的目标范畴。

二、实施过程应体现整体性与连续性

参与式教学设计中学生的参与是具有整体性的，这就要求在参与式教学设计实施框架构建中，必须充分考虑学生参与的这种整体性，使所构建出的实施框架与学生参与的整体性相适应，所构建出来的实施框架能够为学生参与的整体性提供相应的保障,让学生能够参与到教学设计的各个环节,让学生的行为、认知、情感能够全方位地参与,让学生整个群体能够全员参与。连续性有两层含义:一是就单纯的某一次教学设计而言,教学设计的前后环节是相互联系、相互影响的;二是就现实教学中所进行的多次教学设计而言,每次教学设计并不是孤立地存在,前一次教学设计与后一次教学设计总是有某种内在的联系,是一个前一次教学设计对后一次教学设计产生促进与推动作用的过程。为此,在参与式教学设计实施框架构建中,一方面,必须考虑到每一次参与式教学设计实施中各环节之间的关联性,将各个实施环节有效统整起来,使之成为一个动态相连、相互促进的有机整体。另一方面,应将参与式教学设计实施看作一个动态连续过程,每一次参与式教学设计,其着眼点不应局限于本次教学设计,还应有更为宽广的视野、更为长远的目标,还需要在本次教学设计中总结经验、教训,为以后的参与式教学设计提供参照、提供借鉴,将每一次参与式教学设计中获得的信息又输入到以后的教学设计中,作为下一次参与式教学设计的参考信息,使参与式教学设计在实施过程中不断改进、不断完善。

三、实施程度应体现层次性与差异性

学生年龄、知识基础、能力水平等方面的差异决定了学生无法以同等的程度参与到教学设计过程之中,在参与式教学设计实施框架构建过程中也应将学生参与程度的差异性纳入视野,构建出体现学生参与的层次性与差异性的实施框架,让参与式教学设计实施主体能根据教学环境、教学内容的不同,学生的学段、年龄的不同以及学生的能力水平、兴趣爱好、个性特点等的差异,对学生的参与程度作出相应的选择与调整。根据学生参与程度的不同,可将教学设计大致分为权威式、咨询式、协商式、参谋式、自主式五种类型,具体含义及特点如表 5 - 1 所示,在这五类教学设计中教师对教学设计的控制程度以及学生的参与程度如图 5 - 1 所示。

表 5 - 1   **教学设计的不同类型**

名称	含义与特点
权威式	教师独自完成教学设计，学生被排斥在教学设计之外
咨询式	教师处于主导地位，学生处于辅助地位，教师咨询学生，在考虑学生意见和建议的基础上进行教学设计
协商式	教师和学生处于平等的地位，教师和学生通过民主协商进行教学设计
参谋式	学生处于主导地位，教师处于辅助地位，由学生设计教学内容、教学方式等，教师充当参谋，提供意见和建议等
自主式	学生自主地设计自己的学习内容及学习方式等

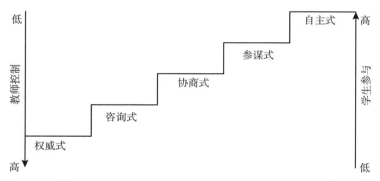

图 5 - 1　不同类型教学设计中教师的控制程度与学生的参与程度

    表 5 - 1 中的五类教学设计中：权威式是没有学生参与的传统教学设计；咨询式、协商式和参谋式是根据学生参与程度由低到高而设定的三种参与式教学设计实施层次；自主式是学生自主设计自己的学习活动，是参与式教学设计为之努力的方向以及要达成的目标状态。在以上五类教学设计中，教师对教学设计的控制程度由高逐渐降低，而学生对教学设计的参与程度则由低逐渐增高。在参与式教学设计实施框架构建中，宜将参与式教学设计的实施设计成一个随学生年龄、知识、能力等的增长，参与程度不断增强、逐级递阶的过程，对低段低年级的学生实施较低程度的参与，对高段高年级学生则开展较高程度的参与。小学阶段宜逐步采用咨询式，中学阶段宜从咨询式逐渐过渡到协商式，大学阶段宜从协商式逐渐过渡到参谋式。实施过程中，各

阶段的学生以相应的参与层次为主，但也不排除对于特定的设计内容、设计环节等适当尝试较高层次的参与，最终形成学生参与由弱逐渐变强，由他主逐步走向自主的参与式教学设计实施框架。

四、实施方法应体现多样性与灵活性

问题的复杂多样性决定了解决问题方法的多样性，现实的多变性决定了解决问题的方法必须具有一定的灵活性。教学现实本已复杂多样且不断变化，而与传统教学设计相比，参与式教学设计又多了一个复杂变化的因素，那就是参与教学设计的学生也是多种多样的，也是不断变化的，这就要求实施参与式教学设计的方法必须与之相适应，必须根据学生年龄、知识基础、能力水平、个性特征等的差异而采取灵活多样的实施方法。目前，常用的参与式教学设计实施方法主要有以下六种。

（1）调查问卷。教师根据学生情况和实际需要设计调查问卷，学生通过回答问卷提出意见和建议，教师将学生的意见汇总，并根据学生意见改进教学设计。

（2）学生日记。学生通过写日记的方式将学习的收获、学习的困难、学习中存在的问题以及对教学的意见和建议记录下来，并定期或不定期地交给教师，以便教师针对具体问题对教学设计加以改进、优化。

（3）师生谈话。教师通过与学生进行个别或小组交谈，获得学生对教学设计的意见与建议。

（4）讨论会。组织专门的教学设计讨论会，在讨论过程中，学生充分发表自己对教学设计的意见与建议，并就此进行民主协商，最终达成一致意见。

（5）意见或建议书。学生通过系统地撰写意见或建议书的方式为教学设计出谋献策，从而参与到教学设计之中。

（6）学生个体或小组自主设计教学。在教学、学习开始之前，学生个体或小组自主完成教学方案的设计，再将自己或所在小组的设计与他人或其他小组的进行比较，取长补短，加以优化，最后在全班学生之间、师生之间相互交流、讨论的基础上生成最终的教学方案。

各种实施方法均有其优势，也有其不足，都有其适用范围，在参与式教学设计实施框架构建中，应合理应用以上六种方法，在实践中应根据具体需要选择恰当的实施方法，并综合运用多种实施方法，使所选择的实施方法发挥最大功效，其作用得以彰显。同时，应根据现实情况以及解决实际问题的需要，在以上六种方法的基础上延伸出新的方法，并不断尝试、开发各种新方法。参与教学设计的实施方法也是一个不断改进的过程，在具体教学实践中应注意将已使用方法的缺点与不足作为反馈信息输入到下一次的教学设计之中，不断优化和完善参与教学设计的实施方法，探索出在特定的环境下最适宜的实施方法。在参与式教学设计实施框架构建中应牢记，每一次实施都是独特的，实施方法应根据现实具体情况而"量体裁衣"。

第二节　参与式教学设计的实施过程、
　　　　方法与策略构建

　　传统教学设计是一种 ADDIE 模式，教师先分析教学环境、学习者、学习需求、教学目标等，然后根据所作的分析对教学内容、教学方法、教学策略等进行设计，之后再开发教学所需的资源与条件、工具与手段等，并将设计好的教学方案付诸实施，最后根据目标的实现情况对前面几个环节进行评价，传统教学设计的实施过程如图 5 - 2 所示。传统教学设计由教师独自完成，设计过程中没有学生的参与，也没有师生间的互动交流。而参与式教学设计则是教师和学生在交流讨论的基础上，通力合作完成的，学生的参与、师生间的交流与合作贯穿于参与式教学设计实施过程的所有环节。参与式教学设计的实施过程在以下三个方面与传统教学设计的实施过程有着明显区别：第一，参与式教学设计的实施主体为教师和学生，区别于传统教学设计只有教师这一单一实施主体；第二，参与式教学设计实施过程中师生间、生生间有较多的互动与交流，区别于传统教学设计由教师独立完成，基本上没有互动与交流；第三，参与式教学设计的实施过程具有动态性，在教学设计过程中，需要对教学方案等进行持续的调整与改进，区别于传统教学设计那种按部就班式的教学设计实施过程，正如伊鲁乔（Irujo，2000）所指出，认识到参与式教学设计的过程是动态变化的是非常重要的。参与式教学设计的实施过程主要包括学生展现自己的兴趣、爱好、需求等，师生间、生生间为教学方案设计展开讨论交流，师生合作完成教学方案的设计，师生对教学过程进行监控，师生对整个教学设计过程与效果等展开评价，师生各自展开反思，师生间、生生间互动交流，并将评价、反思中获得的信息反馈给自己、他人等环节。根据参与式教学设计实施过程的具体特点，可以将参与式教学设计的实施过程大致分为准备、自主行动、献计献策、合作设计、执行监控、开展评价、反思反馈七个阶段，参与式教学设计的实施过程可用图 5 - 3 来概览。

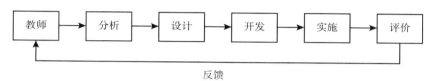

图 5 - 2　传统教学设计的实施过程

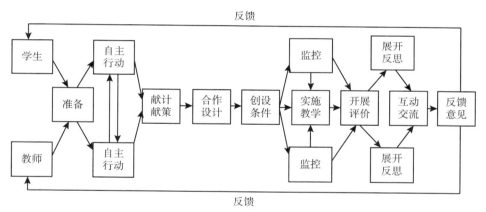

图 5 - 3　参与式教学设计的实施过程

一、阶段一：准备

准备阶段是在人、事、物等方面为参与式教学设计开展打好基础，做好铺垫。准备阶段要完成的任务主要有：第一，明确参与式教学设计的性质与特点等，明确开展参与式教学设计要达到的目的；第二，建立参与式教学设计的活动规定、规则等，并明确教师、学生分别需负责的工作、任务等；第三，明确开展参与式教学设计的方式等，并制定开展参与式教学设计的初步计划；第四，营造参与氛围，激发、强化学生的参与兴趣与热情；第五，给予学生参与方法方面的指导，提高其参与能力，树立其参与信心；第六，做好相关方面的协调，如征得领导的同意，做好时间方面的协调等，并做好工具、资源、条件等方面的准备，如调查问卷、监控表、相关书籍、笔记本等。准备阶段的工作多且杂，比较琐碎，但准备阶段又是整个活动开展好的前提与基础，若准备阶段考虑问题不全面、不周密严谨，有所遗漏或处理不当，就很可能会对参与式教学设计后面工作的开展产生影响、造成障碍，这就要求准备阶段对问题的考虑必须全面、系统，所做的准备必须充分且比较周密严谨。此外，准备阶段对开展参与式教学设计所作的计划、安排等，只能是一个大致的规划，计划要富有弹性，要留有余地，要对发生意想不到的事情进行灵活处理留下空间；对开展参与式教学设计建立的活动规定、规则，不应对学生作太多的要求与限制，以免学生束手束脚。

在准备阶段的各项任务之中，理解参与式教学设计的性质与特点、掌握参与方法、提高参与能力等，可以通过学生自学、教师讲解、学生之间讨论交流相结合的方式来进行；决定开展参与式教学设计的方式，制定开展参与式教学设计的初步计划以及建立参与式教学设计的活动规定等，可以由学生、教师在讨论交流的基础上予以生成；做好相关方面的协调，以及做好工具、资源、条件方面的准备，可以由教师、学生以分工合作的方式来进行。而营造参与氛围，激发、强化学生的参与兴趣与热情，树立学生的参与信心则主要由教师来完成。在准备阶段教师要注意激发学生参与教学设计的兴趣与意识，强化学生的参与动机与意愿，努力构建一个民主、平等、宽松、和谐的参与氛围，让每位学生有一种心理安全感和归属感，从而渴望参与，渴望发表自己的看法与意见。为此教师应首先转变自己的角色定位，从高高在上的教学设计决策"权威者""垄断者"转变为教学设计的"合作者""协助者""引导者"。教师以平等的合作者、协助者的身份进入学生的内心世界，尊重、理解、鼓励学生就教学设计发表自己的看法与意见，教师与学生相互讨论、分享彼此的想法与意见。对于学生有价值的见解、意见，教师虚心接受，并给予相应的肯定与赞扬；对于学生一些有新意但欠成熟的想法，教师耐心倾听，并给予一定的鼓励与帮助；对于学生一些不切合实际、不恰当的看法、意见，教师不要急于评判，更不能简单地加以否定，而应先让学生完整表达，说明理由，在对此予以尊重的基础上进行分析引导，引导学生自己发现问题，并自我矫正。在这样氛围中，学生内心会获得一种安全感和自由感，学生就不会担心自己的想法、意见会遭到取笑，也不用担心自己因说错话而遭到批评与斥责，从而学生才会以一种轻松愉悦的心情参与，才愿意展示自己的真实想法，也才会勇于发言，充满自信加入讨论，并积极主动地参与教学设计过程。

对学生进行分组也最好在准备阶段完成，分组要注意以下几个问题。首先，小组人数适中。小组人数过多不好开展工作，人数过少则无法起到分组的效果，小组人数以 4 ~ 8 人为宜。其次，组员之间的互补性。分组要考虑组员的性别、背景、能力、个性等，注意组员之间的异质性、互补性，分组具体可采用自由组合、抽签、报数、按座位就近组合等方式进行，也可以在综合考虑学生兴趣爱好、能力水平、年龄、性别等的基础上进行分组，所分出的组最好是"组间同质，组内异质"。再其次，小组的动态性。小组应保持一定的动态性，一段时间之后可对小组进行一定的调整或重新分组。最后，成员角色分工。为保证小组有效地开展活动，小组内部成员要有角色分工，每个小组应有组织者，或称组长，负责组织小组活动，协调组内人员的分工协作，负责活动过程中的管理、纪律维护等；记录员，负责记录小组的活动情况，记录讨论时每一位成员的发言，以及活动中所形成的结论等；汇报员，负责对小组意见进行归纳总结，并代表本组汇报讨论结果。这些角色可以由小组成员轮换担任，也可以采取分工协作的方式，由专人负责专门的角色，具体如何分配角色由各小组自行决定，但要注意确保组内每个成员都担任一定的角色，都承担一定的任务与职责。

二、阶段二：自主行动

自主行动阶段是学生与教师分头行动，学生明确自身的兴趣爱好、能力水平、个性特点、学习需求等，明确自己的学习目标，自己需要什么样的教学，需要什么样的帮助，对将要学习的内容进行预习以及查阅相关资料等，并对教学设计展开思考，形成自己的看法与意见等。教师在此阶段对教学的环境、教学的条件、教学内容、学习者的整体情况等进行了解与掌握，并在了解与掌握的基础上对此展开分析，具体包括了解学生的兴趣、爱好、个性特点、学习需求等，明确了解教学的环境与相关条件、分析教学内容等，然后教师再对教学设计展开自己的思考，并记录下自己的思考所得。自主行动阶段首先要求对学生的兴趣爱好、能力水平、个性特点，教学内容、教学环境、教学条件等的了解与分析必须是准确的，是与真实情况相符的，其次要求这种了解与分析必须全面且充分。

　　自主行动阶段要注意该阶段虽然是学生与教师自主行动，但它并不排除过程中的合作与交流，此阶段学生也可以与其他学生、老师交流与探讨，了解其他学生、老师的看法与想法等，学生对自己的学习需求认识模糊，无法明确自身的学习需求，也可以求助老师，与老师交流、探讨等，教师在此阶段也可以询问学生的一些基本情况等。换言之，自主行动阶段也有师生间、生生间的互动，但这一互动是在学生、教师自己主导、自己安排的前提下进行的。具体而言，在本阶段可采取以下方法与策略：第一，学生自我展示。学生将自己的兴趣爱好、个性特点、学习需求等以口头或书面的形式呈现出来，这种方式最为简便，也最为直接，离真实情况也最近。第二，师生单独交谈。学生先阐述其兴趣爱好、能力水平、个性特点以及自己的朦胧需求等，教师通过逐步追问、探寻等方式逐渐明确学生的兴趣爱好、能力水平、个性特点以及其需求等，并以反问的方式来向学生核实是否是这样的情况。第三，生生、师生讨论。学生与学生、学生与教师之间的讨论与交流，有助于相互启发与提示，逐渐明确学生兴趣爱好、能力水平、个性特点、需求等。第四，调查表。教师单独或师生合作设计学生基本情况调查表（参见表5－2），通过调查表来了解学生的兴趣爱好等各方面情况。第五，教师概述学生情况，学生补充修正。教师根据以往经验以及对学生所作的分析等提出学生可能的兴趣爱好、能力水平、个性特点、需求情况等，再将这些情况以书面或口头形式提供给学生，学生根据自身现实情况对教师提出的情况进行修正。

表 5 – 2　　　　　　　　　　　学生基本情况调查表

班级	×××	姓名	×××	学号	×××

1. 请你对你的性格特征作一简要描述。
2. 你喜欢哪种类型的学习活动？
3. 你原有的知识基础情况如何？
4. 你习惯于用哪种方式进行学习？
5. 你认为你以何种方式进行学习的效果最好？
6. 你的学习目标是什么？
7. 对××学科的学习，你近期的学习愿望是什么？
8. 你对××学科的学习信心情况如何？
9. 你目前学习过程中有哪些困难？
10. 你认为老师给你提供什么样的帮助你会学得更好？

　　　　　　　　　　　　　　　　　　　　　　　　　　　　　　　　年　月　日

三、阶段三：献计献策

在自主行动阶段，学生、教师已就教学设计形成了一些自己的看法与想法，此阶段要做的工作是让学生、教师将自己的看法与想法等以意见或建议的形式展示出来，然后通过师生间、生生间的互动、交流等，达到相互激发、相互促进的目的，并在这一过程中形成一些建设性、创造性的想法与构思。在此阶段教师要充分尊重学生的意见与建议，平等对待学生的看法、意见，对学生意见一视同仁、公平对待，尤其是要让学困生的意见得到尊重，让他们感到自己被重视、自己的意见得到关注。教师还应尊重学生的不同见解，倾听学生的内心真实想法，容纳学生的不同声音，接纳与自己不同的有关观点、意见等。同时在相互讨论交流的过程中，教师还应注意引导学生通过相互取长补短、相互激发来修改完善自己的见解，生成新的意见或想法。为保证新的意见、创造性想法的有效生成，此阶段应有一个宽松愉悦的交流氛围，在此氛围中学生可以无拘无束地表达自己的观点，相互激发智慧的灵感。

师生间、生生间的互动交流、献计献策可以多种方式进行。第一，征询意见表。教师先编制教学设计意见征询表，然后以电子版或纸质版的方式提供给学生，以了解和收集学生对教学设计的意见与建议。第二，师生谈话。教师通过与学生进行非正式交谈的方式，就教学设计的一些相关问题与学生交换意见，了解学生对教学设计的看法与意见等。第三，学生日记。学生通过写日记的方式，记录下自己学习过程中的收获、进步、遇到的困难、存在的问题与不足等，并定期或不定期地交给老师给予指导，教师以此来获取学生对教学设计的意见或建议。第四，意见或建议书。学生通过撰写专门的意见与建议书（参见表5-3），对教学设计提出自己的意见或建议。第五，头脑风暴法。头脑风暴法是指在无拘无束的氛围中，利用头脑积极的思维，激发智慧灵感，使各种设想在相互碰撞中激发脑海的"风暴"产生尽可能多的想法和意见。运用头脑风暴法来讨论教学设计问题，可以以下列步骤来展开，首先由教师抛出要讨论的问题；随后鼓励学生以个人或小组为单位积极发言，同时由教师记录下所提出的观点和意见；讨论结束后，由教师对记录进行分类整理，并加以补充和完善。为保证讨论的有效性，讨论过程中应注意同等看待学生所提出的观点与意见；注意让每个层次的学生都获得阐述看法与想法的机会；禁止对他人观点进行嘲讽或进行攻击性评论；在他人观点基础上提出新观点。这样参与讨论的学生就可以自由自在地提出各种想法，彼此面对面地相互激励、相互诱发，产生具有创造性的想法与问题解决策略。以上几种方法也可以结合起来使用，例如，先通过征询意见表、学生日记、意见或建议书来了解学生对教学设计的意见与建议，再通过师生谈话、头脑风暴法来商讨解决与改进的措施等。

表5-3 　　　　　　　　　　　学生对教学设计的意见与建议

班级	×××	姓名	×××	学号	×××
意见所针对的内容	×××				

意见与建议：
　　我认为老师在对话内容的教学中，先安排学生听一遍对话很有必要，如果在我们听之前，老师就对话内容提1~2个问题，让我们带着问题去听，效果可能会更好。

　　　　　　　　　　　　　　　　　　　　　　　　　　　　年　月　日

四、阶段四：合作设计

　　献计献策阶段已对教学设计产生了很多的想法与意见，合作设计阶段的任务则是将这些想法与意见汇总、综合起来，并着手对教学进行整体规划与构想，确定教学目标，选择教学内容，设计教学方法与策略、选用教学工具与手段、设计教学开展的大致步骤、预测教学过程中可能出现的问题，并策划如何处理与解决这些问题等。这一阶段要求师生间必须相互配合、通力协作，所设计出来的教学方案应切合学生的个性特点、符合学生的兴趣与爱好、遵循学生的意见与建议。

在此阶段，师生间、生生间可以采取以下四种方式进行合作：第一，修改式。教师先设计好教学方案初稿，然后将教学方案初稿的电子版或纸质版交由学生提意见与建议，最后由教师将学生的意见与建议收集起来，并根据学生的意见与建议对教学方案进行调整与改进，形成新的教学方案。教师征询学生对教学方案的意见与建议，可以以调查问卷的形式（参见表5-4），也可以以师生谈话、网上留言、写意见书或建议书等方式进行，学生的意见与建议可以由学生个人提出，也可以以小组为单位提出。第二，讨论式。师生间、生生间先就教学设计进行讨论，对教学设计各抒己见，然后由教师收集并归纳汇总各方意见，并在综合各方意见的基础上完成对教学方案的设计。为节省时间，以及保证讨论更加深入、更容易形成一致意见，讨论可以采取先小组讨论，后全班讨论的方式进行。同时，若有必要，可将设计好的教学方案再交给学生提意见，再改进，如此往复，直到各方均比较满意为止。第三，协作式。教师、各个学生或各小组的学生分别负责教学设计的一部分工作，以分工协作的方式完成教学设计。教师、学生各自完成所负责的内容后，再将其汇总，形成完整的教学方案，再将完整的教学方案交由学生、教师进行讨论、调整、修改、完善，形成最终的教学方案。此种方式也可以以教师、学生先各自设计教学方案初稿，然后在讨论的基础上形成定稿的方式来进行，即教师、每个学生或每个小组的学生各自设计出一份教学方案的初稿，再将各个教学方案加以比较，然后在讨论、交流、协商的基础上综合各方案之所长形成教学方案定稿。第四，参谋式。由学生个人或学生小组设计教学方案初稿，教师给学生充当参谋，教师通过师生间交流、讨论等方式对学生设计的教学方案初稿提出意见与建议，学生根据教师的意见改进教学方案初稿，并形成教学方案定稿，然后将此方案交付执行。

表5-4　　　　　　　　学生对教学方案的意见调查表

班级	×××	姓名	×××	学号	×××
意见所针对的内容	×××				

1. 你认为本方案所设计教学目标是否合适？你对此有什么意见或建议吗？
2. 你认为本方案所选用的教学内容、所举的例子是否合适，对此有什么意见或建议吗？
3. 你认为本方案所选用的方法是否恰当，对此有什么意见或建议吗？
4. 你认为本方案对教学手段、教学媒体的选用是否合适，对此有什么意见或建议吗？
5. 你认为本方案所设计的教学步骤是否合适，对此有什么意见或建议吗？
6. 你认为本方案教学进度安排是否合适，对此有什么意见或建议吗？
7. 你对本方案整体看法如何，对此有什么意见或建议吗？
8. 你对本方案还有其他的意见与建议吗？

　　　　　　　　　　　　　　　　　　　　　　　　　　　　年　月　日

五、阶段五：执行监控

执行监控阶段的任务主要包括：对教学的顺利实施准备相应的工具、资源等，创设相应的条件以利于方案的顺利启动；实施已经设计好的教学方案，并在实施过程中作出相应的各种努力，以利于方案的顺利执行以及取得良好效果；对教学方案的执行情况进行监控，监控方案具体执行情况是否符合预期，有没有出现错误，有没有发生意外，有没有什么新情况出现等，执行情况是否良好，效果有没有达到；有无必要采取干预措施，如何干预，是否需要对教学方案作出一定的调整，如何调整等。执行监控阶段要尽可能地创设方案顺利实施所需的各种条件，要求方案实施中的各方都要对方案顺利实施作出相应的努力，同时对方案执行情况方面的信息的收集要全面，判断要准确，要灵活而迅速地作出是否干预、是否调整等决策。

执行监控阶段可以采用的方法与策略主要有：第一，师生分工协作创设教学实施的条件。方案顺利执行所需要的各种条件中，有的条件教师更容易提供或创设，有的则是学生更容易提供或创设，有的则需要师生间通力合作才能创设，对于后两种条件，学生的参与对条件的创设至关重要。学生对教学实施条件的创设的参与，可以以分工合作的方式，分给学生或学生小组一定的条件创设任务，例如，学生自制学具，学生准备相关的阅读材料等。第二，使用监控表。方案执行监控过程中，需要监控的方面非常多，教师由于视野、时间、精力等的限制，根本无法监控到教学方案执行过程中的方方面面。使用监控表让学生负责监控诸如自己注意力是否集中，是否能够赶上进度，是否理解了所学的知识点，是否达到了本阶段教学的目标等情况，有利于更好地达到监控效果。监控表可以由教师负责制定，也可以由师生共同制定。在开始执行教学方案之时，就根据教学方案制定监控表（参见表5-5），表中标明各教学环节要做的事、要采取的行为，各教学环节的要求以及各教学环节要达到的目标、效果等。在教学过程中，学生根据实际情况填写监控表，教师在课堂上以举手等方式统计监控表的情况，或让学生定期将监控表交给教师，以了解教学方案的执行情况。第三，实行分层管理。在教学实施过程中，可以以小组为单位进行分层管理。教师将管理的责任和权利下放到各个小组，让各个小组形成一个二级管理单位，教师对各个小组进行管理，由小组负责组内的管理。组长负责组内管理的组织协调工作，组内成员间相互管理、督促，管理中的各种情况以小组为单位向老师汇报。

表5-5 　　　　　　　　　　教学方案执行监控表

班级	×××	姓名	×××	学号	×××
教学内容	×××				

阶段1：

（1）应采取的行为 { 行为1　完全做到□　基本做到□　没有做到□
　　　　　　　　　 行为2　完全做到□　基本做到□　没有做到□
　　　　　　　　　 ……

（2）对学生的要求 { 要求1　完全达到□　基本达到□　没有达到□
　　　　　　　　　 要求2　完全达到□　基本达到□　没有达到□
　　　　　　　　　 ……

（3）应达成的效果 { 效果1　完全达成□　基本达成□　没有达成□
　　　　　　　　　 效果2　完全达成□　基本达成□　没有达成□

（4）有没有其他异常情况或需要说明的情况
……

阶段n：

（1）应采取的行为 { 行为1　完全做到□　基本做到□　没有做到□
　　　　　　　　　 行为2　完全做到□　基本做到□　没有做到□

（2）对学生的要求 { 要求1　完全达到□　基本达到□　没有达到□
　　　　　　　　　 要求2　完全达到□　基本达到□　没有达到□
　　　　　　　　　 ……

续表

班级	×××	姓名	×××	学号	×××
教学内容	×××				

(3) 应达成的效果 效果1　完全达成□　基本达成□　没有达成□
效果2　完全达成□　基本达成□　没有达成□
……
(4) 有没有其他异常情况或需要说明的情况
……

年　月　日

六、阶段六：开展评价

　　评价阶段是对教学设计的整个过程及其效果等做一个综合的判断，评价并不是非要等到一次教学设计完成之后才进行，而是在此过程中、过程结束后都可以开展，一切根据实际需要而定。第一，评价阶段要求所设计的评价标准、评价方案等必须是公正的，是合理的。倘若不公正、不合理，则评价不但无法达成预期效果，反而还会造成一些负面影响。第二，要求所收集到的评价信息资料必须是系统全面的。评价过程中，要全方位、多角度地收集信息。既要收集学生外显的行为方面的信息，又要收集学生内隐的情感、心理方面的信息，对学生在知识的掌握、方法的应用、能力的提高、良好态度与心理素质的形成、合作分享等方面的情况作出一个整体的了解与把握。既要收集学生方面、教师方面的信息，也要收集教学方案方面的信息，全面反映教学设计各方面的情况。第三，所收集到的评价信息资料必须真实可靠。评价要实事求是，真实反映学生、教师、教学方案等的真实状态，倘若所收集到的信息资料不真实，评价的准确性则无法保证，评价也就失去了意义。第四，评价要及时。评价要为后面的反馈阶段提供信息，如果不及时评价，相关信息无法获取，就会对后续工作产生影响。第五，评价要以促进师生的发展为目标。评价不仅是对教学设计活动的总结与回顾，同时也为师生的发展服务，发展性应贯穿评价的始终，使师生通过评价不断改进、不断提高、不断发展。

　　参与式教学设计的评价具体包括"自评"和"他评"两类，"自评"有学生自评、教师自评、小组自评，"他评"有学生评教师、学生评学生、教师评学生和小组交互评价。参与式教学设计的评价可以采用以下方式来进行：第一，以讨论协商的方式制定评价标准、评价方案。在制定评价标准、评价方案的过程中，学生的参与，让学生拥有参与评价决策的权利，有利于实现评价主体的多元性。评价主体的多元性有助于评价标准、评价方案的制定充分考虑各方意见，充分尊重各方权益，从而提高评价的公正性。学生参与制定评价标准、评价方案，可采取让学生、教师先就评价标准、评价方案各抒己见，然后由生生、师生在相互讨论、相互协商、相互妥协的基础上完成评价标准、评价方案的制定。第二，以分工协作的方式开展评价信息资料的收集。学生参与评价信息资料收集可以采取分工合作的方式进行，教师、学生个人或学生小组分别负责收集一部分评价信息资料，各自完成所负责的部分后，再将其汇总，以获得完整的评价信息资料。第三，以小组合作的方式开展评价。学生参与评价可以以小组为单位开展评价活动，在小组成员之间的讨论交流之中完成评价工作。通过小组成员之间的评价，能让学生更好地认识到其他同学的长处，相互学习、相互借鉴，同时也在此过程中更多地了解其他同学，逐步学会尊重、理解、宽容、欣赏他人。第四，以师主生助的方式开展评价总结。评价之后，还应对整个评价过程做较为全面的总结，总结评价过程中存在的问题，分析、找出问题的原因，并探寻解决问题的方案，以利于评价的改进与提高，同时从本次评价中吸取经验教训，为后续评价提供借鉴与参考。教师拥有知识面、经验水平等方面的优势，评价总结可以由教师主导的方式来完成，教师对整个评价作出系统的归纳与总结，学生根据自己的情况对教师所作的总结进行补充与完善。

七、阶段七：反思反馈

反思反馈阶段是师生开展评价之后，对整个教学设计过程中自身的表现等作一个整体性的思考，并将思考之所得反馈给自己和他人。反思反馈阶段要达到的目的是通过反思，通过相互交流，达到自我改进、自我提高，相互学习、相互促进等。教师、学生均应展开反思，反思过程中教师、学生要总结和思考自己在过程中取得的进步以及存在的问题与不足，思考自己哪些方面做得比较成功，哪些地方还需要进一步改进，哪些方面还可能进一步地发展深化。在各自反思之后，师生间、生生间还应展开讨论交流，了解其他人的看法与意见，也了解其他人在教学过程中的经验教训等，并吸取他人之所长，不断自我调整与改进，不断自我发展与提高。反馈意见包括向自我和向他人反馈意见，教师的反馈包括向教师本人和向学生反馈意见，学生的反馈包括向学生本人、向其他同学和向教师反馈意见。学生需要从教师以及其他同学那里得到关于自己学习状况、效果等方面的反馈意见，以对自己的表现有进一步的了解和掌握，进而作出改进。教师也需要从学生那里得到反馈意见，以了解学生是否理解、是否掌握相应的内容，是否达成相应的效果等。反馈意见首先要求所反馈的意见要真实可靠。反馈意见必须是针对教学设计过程中真实存在的问题而提出，而不是无的放矢。其次，给他人反馈意见应注意反馈的技巧。要诚恳地向他人反馈意见，要以提出建议的方式给他人反馈意见，而不是以批评、指责的方式。最后，所反馈的意见要具有可行性。提出的意见与建议必须切实可行，具有可操作性，否则无法起到反馈的作用。

反思反馈阶段的方法与策略主要为：第一，以个人思考与集体讨论相结合的方式展开反思。学生先独自对自己的学习、教师的教学以及教学方案等情况进行回顾与思考，并将自己思考过程中形成的一些看法、意见等加以归纳与提炼。然后开展集体讨论，集体讨论先以小组为单位进行讨论，再在全班内进行讨论交流，学生将自己的经验教训、自己思考之所得等拿到讨论会上与教师、其他同学一起讨论、分享。教师也以地位平等者的身份参与到讨论与交流的过程中，成为讨论会中的一员。学生在此过程中借鉴教师、其他同学的成功做法，分享他人的学习成果、经验，实现经验、资源共享，彼此交流、互相启发，相互学习、互相促进。第二，以改进计划的方式进行自我反馈。自我反馈主要对自己存在的问题与不足提出改进意见，学生可以将自我反馈的意见集中起来，形成一个下一阶段学习的计划，以改进计划的方式来汇集各种反馈意见，并将其作为下一阶段学习的参照。学生自我反思、自我反馈能真实地反映学生在整个过程中的现实表现，其准确性和针对性比较高，同时学生自我反馈的意见也比较容易为自己接受，有利于促进学生自我调整、自我改进。第三，以意见反馈会、单独交流或意见与建议书的方式对他人进行反馈。学生都是同龄人，他们的心智、情感等有很大的相似性，他们在学习过程中遇到的困难、存在的问题等也具有类似性，学生在学习过程中的成功经验等对其他同学有很强的借鉴意义。同时由于学生之间的相似性以及学生之间交流机会众多，学生的反馈意见更容易到达其他同学，也更容易为其他同学所接受。此外，学生也能给教师提出一些有益的反馈意见，由于与教师所处的视角的不同，学生能够看到教师所看不到的一些方面，能给教师提供一些独特的意见与建议。向他人反馈意见主要可以采用三种方式：一是意见反馈会。在意见反馈会中学生、教师自由地表达各自的独特经验，在相互交流、相互探讨过程中直接对他人提出意见与建议。这种方式的好处是反馈的意见比较全面、及时，但是所反馈的意见比较零碎，系统性不是很强。二是单独交流，即师生间、生生间以私下交流、个别性谈话的方式反馈意见。这种方式的好处是针对性强，但意见的全面性存在不足。三是意见书或建议书，即师生间、生生间彼此以意见书或建议书的形式反馈意见。这种方式的好处是意见比较集中，也比较系统，但是比较费时、费力。

第三节　维持参与式教学设计过程良性循环

参与式教学设计是一项长期的工作，而不是一次性的事件。为此，每一次参与式教学设计的开展，不能只考虑本次教学设计，还应考虑为下一次教学设计的开展提供必要的支撑，起到一定的助推作用，使参与式教学设计的开展不断深化、逐步完善。同时，每一次参与式教学设计完成之后，有必要对整个参与式教学设计过程进行回顾与反思，反思本次教学设计的得与失，以总结成功经验和吸取失败教训，为下一次参与式教学设计的开展提供参考信息。因此，在参与式教学设计实施框架构建过程中，除对参与式教学设计的每个阶段的行动框架进行构建之外，还应该考虑如何实现参与式教学设计开展的良性循环，前一次实施为后一次实施产生形成助推力量，产生促进作用，后一次实施巩固、深化前一次实施的成果，让参与式教学设计的开展成为一个循环推进系统。对此，可以采取措施主要有：首先，每一次参与式教学设计的开展都应该与相关人员观念的转变结合起来，使得伴随参与式教学设计的每一次开展，相关人员对参与式教学设计的认同与支持也随之不断增强。其次，在每一次开展参与式教学设计的过程中，注重将参与式教学设计的开展与相应氛围、文化的形成结合起来，注重将参与式教学设计的开展与有关机制、体系、管理等的相应调整与改变结合起来，使每一次参与式教学设计的开展，都有利于相应氛围、文化的形成，有助于有关机制、体系、管理等的相应调整与改变。最后，在每一次参与式教学设计的开展过程中，注重教师指导能力等相关素质的提高以及学生参与能力等相关素质的提高，使教师、学生的相应能力都随着每一次参与式教学设计的开展而不断增强，不断发展，从而有利于下一次参与式教学设计的顺利开展。

根据参与式教学设计的性质与特点，构建参与式教学设计实施框架时应做到参与目标体现综合性与多维性，参与过程体现整体性与连续性，参与程度体现层次性与差异性，参与方法体现多样性与灵活性，具体实施中可将参与式教学设计实施过程大致分为准备、自主行动、献计献策、合作设计、执行监控、开展评价、反思反馈七个阶段，每个阶段都有相应的任务与要求，也有相应的方法与策略。参与式教学设计实施框架构建并不是要为参与式教学设计的开展设定一个固定的模式，而是提出一个可供参考的大致框架。所以，与其说构建参与式教学设计实施框架是为开展参与式教学设计设定操作程式，毋宁说是对开展参与式教学设计提出意见与建议。

第六章
参与式教学设计实验研究

第一节　实验目的与前提假设

一、实验目的

通过实验研究检验参与式教学设计的可行性，验证参与式教学设计的效果，进一步明了开展参与式教学设计的各种现实困难，考察参与式教学设计是否有负面作用，对参与式教学设计对学生、教师、学校等带来的各方面影响、效应等加以综合认识与了解。

二、前提假设

本书是在高中英语教学中开展学科内参与式教学设计实验研究，根据研究的需要，以及考虑到实验结果的可测量性，本书设定以下四个前提假设：

（1）参与式教学设计有利于提高学生的英语学习兴趣；

（2）参与式教学设计有利于优化学生的英语学习策略；

（3）参与式教学设计有利于增强学生的英语自主学习能力；

（4）参与式教学设计有利于提高学生的英语学习成绩。

第二节　实验设计

一、实验类型的确定

　　本实验采取的是单因素等组控制前后测实验，实验的自变量是开展参与式教学设计，因变量是学生英语学习兴趣、英语学习策略、英语自主学习能力、英语学习成绩。具体做法是：以自然班为基础进行分组，一个班为实验班，另一个班为对照班。在实验班和对照班中，又按学生的总体学习成绩将其分为中上、中等、中下三个层次，每个层次又分实验组和对照组。通过实验前后测结果了解参与式教学设计对学生英语学习兴趣、英语学习策略、英语自主学习能力、英语学习成绩方面的实际效果，并比较探寻实验班学生与对照班学生在实验前后在英语学习兴趣、英语学习策略、英语自主学习能力、英语学习成绩方面的差异是否显著。

二、实验对象的选择

　　实验对象选取的是四川省中江县中江中学高二 3 班和 15 班，其中 15 班为实验班，3 班为对照班，本实验是在英语教学中开展学科内实验研究。之所以选择四川省中江中学作为实验学校，是因为该校位于县城，相较于大城市与乡镇，县城处于二者之间，其代表性更强。而且中江县的经济发展水平在四川省、在全国均处于中等水平（以 2020 年人均收入为例：2020 年，中江县城镇居民人均可支配收入 35613 元，农村居民人均可支配收入 16903 元[①]，四川省城镇居民人均可支配收入 38253 元，农村居民人均可支配收入 15929 元[②]，全国城镇居民人均可支配收入 43834 元，农村居民人均可支配收

[①]　中江县人民政府. 政府工作报告（2021 年）［Z］. 2021.
[②]　四川省统计局. 2020 年四川省国民经济和社会发展统计公报［Z］. 2021.

入 17131 元①，中江县城镇居民人均可支配收入和农村居民人均可支配收入都
与四川省和全国的平均水平相差不大），在这方面也有一定的代表性。该校是
一所省级重点中学，介于国家级重点中学和普通中学之间，该校近五年的高考、
中考成绩均处于所在市——四川省德阳市普通中学的中等水平，该校具有一定
的代表性。选择高中生是因为考虑到中学生处于教育体系的中间位置，选择中
间位置的学生有利于最大信息量的获得，同时与初中生相比，高中生各方面的
能力都要强一些，在高中生中开展实验要容易掌控一些。选择高二的学生是考
虑到与高一学生相比，高二学生更能稳定地反映高中生的特点，与高三学生相
比，高二学生的学业任务相对要轻一些，课余时间稍多。考虑到提高实验针对
性的需要，本实验并不是在所有学科教学中都开展实验，而只是在英语教学中
进行了实验，选择在英语教学中开展实验研究是出于两方面考虑：一方面，是
考虑到英语学科的特性，英语学习的交际性、互动性强；另一方面，是考虑到
研究者自身曾从事过高中英语教学，对高中英语教学有一定的认识与了解。

三、实验工具的选用与构建

本实验需要测量的数据有四个，分别为学生英语学习兴趣、英语学习策
略、英语自主学习能力和英语学习成绩。所用到的实验工具主要有以下四类：
（1）量表。英语学习兴趣、英语学习策略和英语自学学习能力方面的数
据均通过应用量表的前后测来获取，本实验所使用的量表分别为邢秀芳等编
的英语学习兴趣量表、Oxford 英语语言学习策略量表（SILL）、庞维国编的自
主学习能力量表（根据英语学科特点，对原量表进行了一定的改编），以上
三份量表已在实践中多次使用，其信度和效度均非常高。三份量表均采用五
段计分法，对量表中各小题"完全符合"记 5 分，"比较符合"记 4 分，"不
确定"记 3 分，"不太符合"记 2 分，"完全不符合"记 1 分，量表中有一些
反向的题项，采用的是反向记分，"完全符合"记 1 分，"比较符合"记 2
分，"不确定"记 3 分，"不太符合"记 4 分，"完全不符合"记 5 分。三份
量表中，英语学习兴趣量表的满分为 170 分，英语语言学习策略量表的满分

---

① 国家统计局 . 中华人民共和国 2020 年国民经济和社会发展统计公报［Z］. 2021.

为 250 分，英语自主学习能力量表的满分为 565 分。

（2）测试卷。英语学习成绩方面的数据取两次测试的成绩，以实验前的考试成绩为前测数据，以实验后的考试成绩为后测数据。前测卷为该校高一下学期的期末考试试卷，后测卷为该校高二上学期的期末考试试卷，这两套试卷均由该校所在市——四川省德阳市教科所统一命题，两套试卷的满分均为 150 分。

（3）统计工具。本实验所采用的统计工具为：SPSS 统计软件。

（4）其他工具与材料。本实验使用的教材为人教版的高中英语教材，此外实验中应用了一些记录表、征询意见表、建议表、多媒体设备、教学用具等工具与材料。

四、实验无关变量的控制

本实验通过相应的实验处理，排除学生情况、教师情况、教材、教学时间等非实验因素对实验的干扰与影响，具体做法为：

（1）实验班和对照班选择的是同一学校的两个平行班，两个班的学生人数、学习成绩等均相当；

（2）实验班和对照班的英语老师由同一位教师担任；

（3）实验班和对照班采用同一教材；

（4）实验班和对照班的教学时间总量相等，实验过程中不人为地给实验班增加课时量等；

（5）除是否开展参与式教学设计外，实验班与对照班在其他方面尽可能地保持一致。

第三节　实验实施

一、实验实施准备

在实验准备阶段，主要是让参加实验的教师和学生领会实验意图，了解实验的大致情况。具体做法是：第一，由实验者（由笔者担任）向参加实验的教师和学生讲明实验意图及实验开展方式；第二，实验者与实验教师、学生展开讨论，让实验教师、学生充分理解实验意图；第三，让实验教师、学生阐明实验意图；第四，实验者对其进行矫正；第五，双方再次就实验意图、实验开展方式进行讨论；第六，实验教师、学生再次讲解实验意图、实验操作方式。通过反复的讲解、矫正最终使实验教师、学生明白实验意图、了解实验开展方式。

同时，在实验准备阶段，也将实验的总体构想以及相关安排告之实验教师及实验学生，并在与他们商议的基础上对实验的相关安排加以调整、改进。根据研究的需要以及对现实各种情况的考虑，本实验采取由易到难，逐渐深入的方式开展。实验大致设计成三个阶段：第一阶段，仍由教师进行教学设计，教师鼓励学生对教学设计提出意见与建议；第二阶段，教师在征询学生意见的基础上形成教学方案，然后由学生对教学方案提出改进意见与建议，最后由教师对教学方案进行修改完善的基础上形成新的教学方案；第三阶段，教师与学生在交流、讨论、协商的基础上完成教学设计。

准备阶段的具体开展情况是，首先由笔者利用课余时间向实验教师介绍了参与式教学设计的理念、特点、价值，开展参与式教学设计的方式以及开展参与式教学设计的技巧与方法等。然后让实验教师利用晚自习辅导时间向实验班的学生介绍了参与式教学设计的性质、特点等，阐述了开展参与式教学设计的方式、方法等，并让学生对参与式教学设计的相关问题进行讨论，并就有疑问的方面向笔者和实验老师提问。笔者参加了这次提问和讨论的全过程，并就学生关心的参与式教学设计是什么，如何开展参与式教学设计等问题进行了解释与说明，同时也就学生对参与式教学设计的效果方面的一些疑问，学生对参与式教学设计会不会加重学生的负担以及影响学生的正常学习方面的疑虑等进行了回应。在此过程中，笔者还根据实验教师、实验学生的意见对实验方案作了一定的调整。

二、实验实施过程

实验于当年9月初启动，利用的是星期天晚上的英语辅导时间来开展第一次参与式教学设计活动。开展的具体方式是让学生对教学设计提出自己的意见与建议等，因考虑到还是第一次开展，笔者和实验教师决定通过让学生写纸条的方式提交他们的意见与建议。将学生所提的意见和建议收集起来之后，实验教师和笔者对学生的意见进行了整理汇总。在将学生意见汇总后，应用第二天（星期一）晚上英语辅导的时间，实验教师和学生一起对学生前一天晚上提出的问题中的一些普遍性的、有代表性的意见与建议进行了讨论（笔者只是作为观察者，没有参与这一过程），并形成了相应的处理意见，如表 6 - 1 所示。

表 6 - 1　　第一次开展参与式教学设计学生提出的意见与建议及处理意见

学生的意见与建议	处理意见
多做一些针对性的习题，尤其是就当天学过的内容多做一些习题，做一些专项训练	这一点建议获得了大多数同学的认可，但也有少数同学提出习题应适量，不能过多，过犹不及。对此，在经过生生间、师生间讨论交流之后，决定以后每堂课讲完之后，就做练习册上与本堂课相关的单项选择题。如果时间允许，老师再补充几个单项选择题，但为了不让学生负担过重，老师每堂课补充的单项选择题应控制在 5 个以内
部分同学提出教学进度可否适当加快，老师只需将重点、难点提出来，不需要逐词逐句地翻译，节省的时间用于补充课外知识。但也有部分同学提出教师应更详细一些，将一些基本的、常用的知识点多讲一下，以利于学生更好地掌握	学生对此存在激烈的争论，成绩好的同学希望老师讲快一点，成绩差的同学则要求老师再讲详细一点，成绩中等的同学大体希望保持现有进度不变，最后经学生讨论后决定大体上保持现有进度不变，对于部分不太重要且偏深偏难的内容，可以只简单提一下，对于部分重点内容即使很难也要讲详细一点
部分同学提出老师讲一个词的用法或一个知识点时可考虑将该词或该知识点的用法一次全部讲完，以利于今后的复习。但也有部分同学提出老师常常在讲一个词的用法时，又引出其他用法或相关词的用法，这样内容太多、太杂，记不住	学生对此也存在激烈的争论，希望老师讲一个词的用法就一次到位的学生一般是基础好的学生，而要求一次不要讲得太多的一般是基础较差的学生。对于这一点学生讨论之后决定，这一点由老师把握，决定如何讲。实验老师指出对于一些用法较少的词，他会一次全部讲完，但对于一些用法多且杂的词，他会分几次讲完，并不断对这些词加以复习、巩固
可否考虑不用课堂教学时间听写英语单词，改由同学之间相互听写	对于不要用课堂教学时间听写单词这一点，大部分同学表示赞同，但对改由同学之间相互听写，很多同学提出了反对意见，认为这样不能起到督促作用，还是由老师统一听写比较好。在生生间、师生间讨论后决定听写英语单词的时间改在早自习时进行

学生的意见与建议	处理意见
课堂上能否多留点时间让同学们共同讨论英语问题	对于这一点，实验老师指出，会尽可能多留出时间让同学们共同讨论，但也指出现在教学任务重，课堂教学时间紧，若留的时间太多，可能完成不了教学任务，经过老师与学生讨论后决定，在以后的晚自习时间留出一定时间来让学生共同讨论英语问题
多复习讲过的内容，多锻炼一下学生的听力	对于这一点，实验老师指出，在教学过程已有意识地多复习常用的一些知识点，以后这方面会加强。对于多锻炼一下学生的听力，老师会考虑在课堂上让学生多听，同时在早晚自习以及晚上的读报时间会尽量多给学生提供锻炼听力的机会

这次讨论也确定了以后开展此种讨论的时间，每周在星期日晚自习时学生对教学设计提出意见与建议，紧接着在星期一晚自习时开展讨论活动，对于是否采纳学生所提出的意见与建议，由师生间、生生间共同讨论之后作出决策。除星期日晚自习和星期一晚自习的固定讨论时间外，平时也鼓励学生以写纸条、找老师谈话等方式对教学设计提出意见和建议。以这种方式开展参与式教学设计，即第一阶段的实验，一直持续到当年 10 月初。

当年 10 月初至 11 月初，实验进入第二阶段，在此阶段，不再是教师设计好教学方案，再让学生提出意见与建议，而是在设计本单元的教学之前，先让学生预习本单元，在预习之后，学生标出自己认为是难点、重点的内容，进而对本单元教学如何设计展开思考，并记录下自己的点滴想法。星期日晚自习的时候不再是让学生以写纸条的方式提出意见与建议，而是让学生展开小组讨论。小组是按学生座位分的，六人一组，学生座位是两人一排，三排学生刚好组成一个组。讨论时三排学生中后面一排保持不动，中间一排侧面坐，前面一排向后转参与讨论。实验学校一节晚自习的时间为 50 分钟，前面 20 分钟进行组内讨论并形成小组意见，后面 30 分钟各小组派一个代表汇报小组意见。各小组发表意见的先后顺序采用滚动式，本次按"1，2，3，…"的顺序，下次就按"2，3，…，1"的顺序，再下次就按"3，…，1，2"的顺序。每次发言时，后面发言的小组与前面小组类似的意见就不再提出，只提前面小组没有提及的意见。教师记录下学生所提的意见，并根据自己的经验、自己的分析等对学生所提意见与建议作出判断，进行取舍，并作相应的处理。教师根据学生的意见与建议以及自己的知识、经验等完成教学方案初案的设计，并于第二天（星期一）晚上以纸质稿的形式将教学方案的初案提供给学生（每个小组一份），让学生再次对教学方案提出意见与建议，教师再根据学生意见对教学方案初案进行调整与改进并形成最终的教学方案。

当年11月初至12月底，实验进入第三阶段，在此阶段，仍先让学生预习本单元，并对本单元教学如何设计展开思考。本阶段仍是在星期日晚自习的时候展开小组讨论，用大约15分钟（随着学生对讨论的熟悉以及意见的逐渐集中，在此阶段缩短了组内讨论的时间）进行组内讨论并形成小组意见，并向全班汇报各小组的意见。与第二阶段不同的是，本阶段不只是教师记录下学生意见就完事，而是在汇报完成后，在教师的主持下开展全班讨论，教师也参与讨论，教师、学生各抒己见。讨论中，对于公认应采取的行为或措施等加以采纳，也对公认应取消的行为或措施等加以取消，对于一些争议较大的问题，各方充分论辩之后，进行表决，按少数服从多数的原则进行处理。教师记录下讨论的结果，在综合各方意见的基础上形成教学方案的初案，并于第二天（星期一）晚上以纸质稿的形式将教学方案的初案提供给学生（每个小组一份），并让学生再次对此方案提出意见与建议，若仍有一些争议，仍采取各方论辩之后按少数服从多数的原则处理，教师再对教学方案初案进行调整与改进并形成最终的教学方案。

同时，在第三阶段中，要求学生根据教学方案以及自己的实际情况，制定自己的学习计划，并对教学方案的执行过程进行监控，并作一些记录。在每次讨论下一个单元的教学设计的时候，也对前一次教学设计情况、教学情况、学习情况作一个回顾，进行总结与评价，并从中获得启示、展开反思，并相互反馈意见等。

在学生参与的方式方面，在实验开展的第一阶段和第二阶段初期，学生参与的方式还是单一地通过固定时间的讨论会来参与，渐渐地学生的参与积极性有所提高，开始尝试应用多种方法参与教学设计，在以后的实验中，学生参与的方式先后应用了：第一，学生日记。学生通过写日记的方式将学习的收获，学习的困难，学习中存在的问题，以及对教学的意见和建议记录下来，并定期交给教师。第二，师生谈话。教师通过主动地与学生进行个别和小组交谈，以获得学生对教学设计的意见与建议，同时部分学生也在老师方便的时候找老师谈话，就自身学习中存在的问题以及对教学设计的意见与建议等与老师交换意见。第三，意见或建议书。学生将自己思考所得写下来，然后以意见或建议书的方式交给教师。

在学生所提意见与建议的深度与质量方面，在实验的第一阶段和第二阶段，学生仅能对教学快慢、讲多讲少、多练少练等一些较浅层次的问题提出一些意见和建议，随着学生参与的深入，在实验第二阶段的后期以及第三阶段，学生慢慢开始对教学的方式、具体内容的教学方法、教学的整体规划等提出一些意见与建议，有时还能对一些教学问题的解决提出一些建设性的意见与建议。例如，一个小组的学生建议："在对话内容的教学中，听对话之前，老师就对话内容提 1～2 个问题，让学生带着问题去听。"这一建议得到了班上其他同学和教师的认同，并在教学设计过程得以采纳。再如，有学生提出，在阅读教学中，课堂上让学生大声朗读可能不利于学生的理解，建议将朗读改为默读，这一建议也得到班上其他同学和教师的认同，并在教学设计过程加以了采纳。又如，很多同学提出课本上的听力材料针对性不强，对学生听力的提高不太有效，学生和教师在商议之后，决定在听力教学中用《英语周报》上的听力材料代替课本上的听力材料。

三、实验数据收集

（一）实验前测

本实验于当年 9 月 7 日，利用晚自习的时间，应用相应的量表对实验班和对照班学生的英语学习兴趣、英语学习策略、英语自主学习能力进行了前测，两个班学生的英语学习成绩以高一下学期期末考试成绩作为前测数据。同时，按学生的总体学习成绩将学生分成中上、中等、中下三个层次，然后将三个层次的学生又分成实验组和对照组，通过实验班和对照班人数的挑选，使实验班和对照班的人数相同，并尽可能保证实验组和对照组中各层次学生各方面的差异不显著。挑选之后，确定实验班人数 53 人，分为中上组 11 人，中等组 23 人，中下组 19 人；对照班人数 53 人，分为中上组 11 人，中等组 23 人，中下组 19 人。

（二）实验后测

第二年 1 月 4 日，利用晚自习的时间，对实验班和对照班学生的英语学习兴趣、英语学习策略、英语自主学习能力进行了实验后测，两个班学生的英语学习成绩以高二上学期期末考试成绩作为后测数据。

第四节　实验结果

应用 SPSS 软件对实验前测和实验后测所收集的实验数据进行统计分析，统计分析结果如下。

一、实验前后实验组与对照组学生在英语学习兴趣方面的比较

实验前后实验组与对照组学生在英语学习兴趣方面的比较结果如表 6 - 2 所示。

表 6 - 2　　　实验前后实验组与对照组学生在英语学习兴趣方面的比较

水平	组别	样本数（人）	前测	后测	T
总体	实验组	53	99.79 ± 17.19	110.98 ± 18.20	-3.253^{**}
	对照组	53	102.36 ± 20.61	99.36 ± 19.26	0.774
	T	—	-0.696	3.193^{**}	—
中上	实验组	11	119.82 ± 12.84	133.91 ± 13.05	-2.553^{*}
	对照组	11	128.82 ± 17.65	117.55 ± 20.49	1.383
	T	—	-1.368	2.234^{*}	—
中等	实验组	23	100.26 ± 12.60	110.96 ± 13.19	-2.812^{**}
	对照组	23	102.13 ± 13.36	101.39 ± 15.48	0.173
	T	—	-0.488	2.256^{*}	—

续表

水平	组别	样本数（人）	前测	后测	T
中下	实验组	19	87.63 ± 12.91	97.74 ± 12.00	− 2.499 *
	对照组	19	87.32 ± 12.99	86.37 ± 12.67	0.228
	T	—	0.075	2.841 **	—

注： * 表示 P < 0.05， ** 表示 P < 0.01。

表 6 - 2 的数据信息表明，在英语学习兴趣方面，无论是实验前后平均数差异检验还是实验组与对照组间平均数差异检验均达到了显著水平，实验后测中实验组中下成绩学生与对照组同类学生的差异非常显著，这说明开展参与式教学设计，有助于提高各段成绩学生的英语学习兴趣，尤其对中下成绩学生的效果非常明显。

二、实验前后实验组与对照组学生在英语学习策略方面的比较

实验前后实验组与对照组学生在英语学习策略方面的比较结果如表 6 - 3 所示。

表 6 - 3   实验前后实验组与对照组学生在英语学习策略方面的比较

水平	组别	样本数（人）	前测	后测	T
总体	实验组	53	139.26 ± 21.84	148.53 ± 26.67	− 1.957
	对照组	53	137.38 ± 27.22	139.58 ± 30.92	− 0.390
	T	—	0.394	1.595	—
中上	实验组	11	157.82 ± 15.49	165.91 ± 22.34	− 0.987
	对照组	11	163.82 ± 28.44	164.18 ± 30.18	− 0.029
	T	—	− 0.614	0.153	—
中等	实验组	23	140.30 ± 18.71	157.13 ± 21.88	− 2.803 **
	对照组	23	139.00 ± 21.79	143.35 ± 23.98	− 0.643
	T	—	0.218	2.036 *	—

水平	组别	样本数（人）	前测	后测	T
中下	实验组	19	127.26 ± 21.27	128.05 ± 22.50	− 0.113
	对照组	19	120.11 ± 19.10	120.79 ± 28.16	− 0.088
	T	—	1.091	0.891	—

注：* 表示 P < 0.05，** 表示 P < 0.01。

　　表 6 - 3 的数据信息表明，在英语学习策略方面，实验对优化中等成绩学生的英语学习策略效果明显，但该实验对优化中上成绩和中下成绩学生的英语学习策略效果不显著。

三、实验前后实验组与对照组学生在英语自主学习能力方面的比较

　　实验前后实验组与对照组在英语自主学习能力方面的比较结果如表 6 - 4 所示。

表 6 - 4　实验前后实验组与对照组学生在英语自主学习能力方面的比较

水平	组别	样本数（人）	前测	后测	T
总体	实验组	53	328.30 ± 36.69	352.64 ± 46.54	− 2.990 **
	对照组	53	330.15 ± 46.30	333.53 ± 49.20	− 0.364
	T	—	− 0.228	2.055 *	—
中上	实验组	11	374.09 ± 23.51	422.09 ± 14.59	− 5.754 **
	对照组	11	390.82 ± 28.00	397.00 ± 34.37	− 0.462
	T	—	− 1.517	2.229 *	—
中等	实验组	23	334.57 ± 19.29	354.57 ± 19.04	− 3.539 **
	对照组	23	335.39 ± 26.08	335.65 ± 29.79	− 0.032
	T	—	− 0.122	2.566 *	—
中下	实验组	19	294.21 ± 23.87	310.11 ± 28.85	− 1.850
	对照组	19	288.68 ± 28.74	294.21 ± 33.96	− 0.542
	T	—	0.645	1.555	—

注：* 表示 P < 0.05，** 表示 P < 0.01。

表 6 - 4 的数据信息表明，在英语自主学习能力方面，实验对提高中上成绩和中等成绩学生的英语自主学习能力效果显著，但该实验对提高中下成绩学生的英语自主学习能力效果却不显著。

四、实验前后实验组与对照组学生在英语学习成绩方面的比较

实验前后实验组与对照组在英语学习成绩方面的比较结果如表 6 - 5 所示。

表 6 - 5　　　　实验前后实验组与对照组学生在英语学习成绩方面的比较

水平	组别	样本数（人）	前测	后测
总体	实验组	53	85.25 ± 22.30	84.51 ± 16.42
	对照组	53	84.72 ± 26.91	80.17 ± 16.35
	T	—	0.110	1.364
中上	实验组	11	110.27 ± 9.02	105.82 ± 6.54
	对照组	11	109.82 ± 7.68	97.55 ± 6.31
	T	—	0.127	3.018^{**}
中等	实验组	23	87.74 ± 17.92	84.39 ± 11.35
	对照组	23	93.78 ± 17.26	84.65 ± 8.61
	T	—	-1.165	0.249
中下	实验组	19	67.74 ± 16.88	72.32 ± 12.76
	对照组	19	59.21 ± 22.76	65.89 ± 15.63
	T	—	1.312	1.387

注：* 表示 $P < 0.05$，** 表示 $P < 0.01$。

表 6 - 5 的数据信息表明，在英语学习成绩方面，实验对提高中上成绩学生的英语学习成绩效果非常明显，但该实验对提高中等成绩和中下成绩学生的英语学习成绩效果均不明显。

第五节 讨论

一、参与式教学设计对高中生英语学习兴趣的影响

实验结果（见表6-2）表明，开展参与式教学设计，有助于提高各段成绩学生的英语学习兴趣，尤其是对提高中下成绩学生的英语学习兴趣有非常明显的效果。我们认为，通过让学生参与教学设计，有效提高了学生的英语学习兴趣的原因有以下三点。

（1）参与式教学设计中的良好氛围为学生英语学习兴趣的提高奠定了基础。参与式教学设计将教师和学生视为平等的主体，尊重学生的意见与建议，爱护学生的个体差异性，充分发挥学生的主体性。在这样一个被尊重、被爱护，且自我的能动性能有效发挥的氛围与环境下，学生会获得一种轻松感、愉悦感，学生对学习活动的兴趣必然也会有相应的提高。

（2）参与式教学设计本身就是一件有新意、有趣的活动。传统教学设计中学生被排斥在教学设计之外，而参与式教学设计让学生参与到教学设计过程之中，这对学生来说，本身就是一种新的尝试与体验。当代心理学研究表明，人对新鲜的事物天生就有一种好奇感，新鲜的事物容易激发人的兴趣，所以参与式教学设计作为一种新鲜的教学、学习活动，有助于提高学生的学习兴趣。同时，参与式教学设计让学生与教师、其他同学一起交流、探讨教学、学习中的一些问题，相较于当前高中教学中的沉闷现状，这一活动相对要有趣得多，这一活动符合中学生活泼好动的特性，有利于提高其学习兴趣。

（3）参与式教学设计让中下成绩学生也获得了对教学设计发表意见与看法的机会，改变了其被忽视的状况，让其被尊重的需要得以一定程度的满足。在当下的教学环境之下，相较于中上成绩和中等成绩学生，中下成绩学生表达自己的看法与意见的机会比较少，让教师遵照中下成绩学生的意见对教学加以改进更是少之又少。参与式教学设计让中下成绩学生的意见与想法得到

了应有的尊重，让其获得了传统教学中所缺失的关爱，这有利于大幅度地提高中下成绩学生的学习兴趣。

二、参与式教学设计对高中生英语学习策略的影响

实验结果（见表6-3）表明，开展参与式教学设计，对优化中等成绩学生的学习策略效果明显，而对优化中上成绩和中下成绩学生的英语学习策略的效果却不明显。参与式教学设计对优化部分学生的英语学习策略有一定的效果，这是因为参与式教学设计让师生间、生生间就教学设计进行相互交流与探讨，而这种交流与探讨有利于学生之间的相互学习、相互取长补短，有利于学生吸取其他学生学习方法与策略方面的成功做法与经验等。参与式教学设计只对优化中等成绩学生的英语学习策略效果明显，对中上成绩和中下成绩学生的效果不明显，这是因为：对于中上成绩学生而言，其英语学习策略本身已较优，上升空间有限，提升起来有一定难度；对于中下成绩学生而言，在以前的英语学习中可能已养成了一些不良学习习惯，加之中下成绩学生理解与接受能力相对弱于中上成绩和中等成绩学生，短时间内要有所改变比较困难；而中等成绩学生正好位于二者之间，相较于中上成绩学生，其英语学习策略还有很大优化与改进的空间，相对于中下成绩学生，中等成绩学生的理解、学习能力较强，其可塑性较强。

三、参与式教学设计对高中生英语自主学习能力的影响

实验结果（见表6-4）表明，开展参与式教学设计，对提高中上成绩和中等成绩学生的英语自主学习能力效果明显，而对提高中下成绩学生的英语自主学习能力效果不明显。参与式教学设计对提高部分学生的英语自主学习能力有一定的效果，其原因在于学生参与教学设计过程，学生会对如何开展教学，如何组织学习有进一步的了解与认识，同时在参与过程中，学生也需要根据教学计划对自己的学习展开思考与规划，这些都有利于提高学生的自主学习能力。参与式教学设计只对提高中上成绩和中等成绩学生的英语自主学习能力效果明显，对中下成绩学生的效果不明显，其原因在于：对于中上

成绩学生，其英语自主学习能力前测数据表明，中上成绩学生在英语自主学习能力方面的得分并不太高，还有较大的上升空间，加之中上成绩学生的学习能力较强，相应地获得进步的速度就比较快；对于中等成绩学生，其理解与接受能力虽不如中上成绩学生，但其上升的空间较大，易于向中上成绩学生学习借鉴，这些都促使其能较大幅度地提高其自主学习能力；对于中下成绩学生，其理解与接受能力有限，而且学习中的懒惰等情况也比较严重，即使知道应该如何做，但这部分学生实际去做的积极性并不是太高，这些都影响到其自主学习能力的提高。

四、参与式教学设计对高中生英语学习成绩的影响

实验结果（见表6–5）表明，开展参与式教学设计，对提高中上成绩学生的英语学习成绩有非常明显的效果，而对提高中等成绩和中下成绩学生的英语学习成绩的效果不明显。参与式教学设计对提高部分学生的英语学习成绩有一定的效果，主要是因为学生通过参与教学设计，对教师的教学意图有了更为清楚的了解，也对根据教师教学、自己应如何学习、应如何去拓展等有了更明确的认识，而且学生对教学设计有什么好的意见与建议也可以提供给老师，这有利于提高教学设计的质量，相应地对提高学生的学习成绩也有一定的促进作用。参与式教学设计只对提高中上成绩学生的英语学习成绩效果明显，对中等成绩和中下成绩学生的效果不明显，主要是因为：对于中上成绩学生，他们对新事物有较强的适应能力，能较快地使之为自己所用，并从中获益；对于中等成绩学生，其适应新的方法、活动等方面的能力逊于中上成绩学生，中等成绩学生适应新活动需要一个过程，将活动的效果转化为自己的学习成绩也需要一个过程；对于中下成绩学生，其接受新事物的能力本身较弱，他们积极参与活动虽不成问题，但要让活动来促进自己的学习可能有一定难度，中下成绩学生的学习问题并非一两天形成的，要解决得需要一个较长的过程和较大的努力。

第六节　结论

通过对实验结果的统计分析，以及对统计分析结果所展开的探讨，可以得到以下四点结论。

（1）通过开展参与式教学设计，能使各段成绩学生的英语学习兴趣得以明显提高。

（2）通过开展参与式教学设计，能使中等成绩学生的英语学习策略得到明显的优化与改进，但对优化中上成绩和中下成绩学生的英语学习策略效果不明显。

（3）通过开展参与式教学设计，能使中上成绩和中等成绩学生的英语自主学习能力得以明显提高，但对提高中下成绩学生的英语自主学习能力效果不明显。

（4）通过开展参与式教学设计，能使中上成绩学生的英语学习成绩得以明显提高，但对提高中等成绩和中下成绩学生的英语学习成绩效果不明显。

第七节　实验反思

对本实验做一回望与思考，笔者认为本实验在以下四个方面还存在不足，尚需在以后研究中进一步改进与完善。

（1）实验的代表性问题。本实验开展的是英语学科内的参与式教学设计实验，而英语是活动性、交际性比较强的一门学科，其他学科（尤其是一些数理学科）的学科性质、特点等与英语学科有很大的不同，在这些学科中开展参与式教学设计能否取得同样或类似的效果很难判断。此外，本实验的实验教师是一位刚参加工作不到两年的青年教师，该教师太年轻，在教师群体中代表性不是很强，在中年、老年教师的教学中开展参与式教学设计能否获得本实验所取得的实验效果很难判定。

（2）本实验开展的时间不是很长。本实验只开展了一个学期，时间不足以了解参与式教学设计的长远影响与效果，尤其是对学生学习兴趣的长远影响。学生对一项新活动一般抱有较大的期望，有较大的兴趣，在参与式教学设计为学生所熟悉之后，新鲜感没有了，学生是否还会保持较高的兴趣，本实验无法知晓。

（3）本实验可能没有完全消除皮格马利翁效应（Pygmalion effect）的影响。虽然开展实验研究时笔者向实验班和对照班的学生明确表明，两个班都是实验班，两个班都是以一样的方式在开展实验。但是，实验班和对照班的学生都是同一个年级的学生，在同一幢楼上课，在同一幢楼住宿，相互之间接触、交流的时间与机会很多，在实验过程中对照班的部分学生可能逐渐知道了他们班并不是实验班，而实验班的部分学生可能也逐渐知道了只有他们班才是实验班。

（4）笔者本人对实验的影响。笔者本人实际上也是可能对实验产生影响的一个因素，笔者在学生学习生活中的出现或多或少会对学生的心理、行为等产生一定的影响。实验过程中，虽然笔者尽力让自己对实验班与对照班的影响对等，但是事实上笔者与实验班学生的接触还是要多于与对照班学生的接触。

第七章
研究结论及思考与建议

第一节　研究结论

一、参与式教学设计的实质

通过对参与式教学设计进行追本溯源，并从哲学、复杂理论、政治学、心理学、教育学等视域对其进行审视，本书对参与式教学设计的实质有以下认识。

1. 参与式教学设计是不同世界观相遇的过程

世界观是指"人们对整个世界即对自然界、社会和人的思维的总的根本看法。"[①] 世界观包括自然观、社会历史观、道德观、审美观、科学观、人生观等。不同的人由于其生活背景、社会实践水平、所处的历史阶段、知识结构以及思维方式等的不同，他们对世界的认识、关于世界意义的看法等必然有所不同，其世界观必然是相异的。在参与式教学设计中，教学设计主体教师、学生的生活背景、思维方式、经历经验等也是不同的，他们对世界的认识也必然存在着差异。在参与式教学设计中，学生获得就教学设计表达自己

————————————————

① 金炳华，等. 哲学大辞典（修订本）［M］. 上海：上海辞书出版社，2001：1349.

看法与意见的机会，其内在的想法、看法、思维方式等得以展现出来，而这些想法必然是根植于学生对世界整体的看法的，是其世界观的组成部分。换而言之，学生对教学设计发表看法与想法的过程，也即是学生的世界观逐渐显现、展现的过程。教师、学生就教学设计发表自己的观点、意见等的过程是展现各自的世界观的过程，而教师、学生对世界的看法与认识又是不同的，因此，参与式教学设计实质上是一个不同世界观相遇的过程。不同世界观相遇之后，必然形成世界观与世界观之间的交锋，必然产生矛盾、冲突、对抗等。在师生间、生生间就教学设计相关问题展开交流、沟通、协商的过程中，教师、学生的世界观不断发生碰撞，在碰撞之中教师、学生逐渐理解与接纳他人的世界观，也不断地调整、改进自我的世界观，最终在相互协调中达成共识，在吸纳他人观点的基础上不断解构自身原有的世界观、构建新的世界观。可见，从哲学视域审视，参与式教学设计实质上是一个不同世界观相遇，在冲突与协商之中实现融合，不断解构和重构各自世界观的过程。

2. 参与式教学设计是一个自组织过程

自组织是复杂理论中的一个概念。复杂理论将所有的系统分为三类："平衡系统、接近平衡系统、远离平衡系统。"[①] 平衡系统是指系统处于一种稳定状态，系统内部除了热运动（微观运动）以外，其他一切宏观运动全部停止，它是一种"死"的系统，是没有变化的系统。接近平衡系统是指系统内部有一定的变化，但这种变化比较小，还不足以影响系统的稳定，还不足以打破系统的原有结构，系统仍然处于一种稳定状态。远离平衡状态是指系统内部的变化已非常大，逐渐破坏了系统的稳定以及系统原有的结构，使系统进入一种高度不稳定的、杂乱无章的混沌态，或称无序状态。复杂理论将系统内部的变化，称为"涨落"或"起伏"，"涨落"是指对系统稳定状态的偏离。普里戈金（Prigogine）认为，远离平衡态的开放系统，在一定的控制条件下，其"有序和组织可以通过一个'自组织'的过程真的从无序和混沌中'自发地'产生出来"[②]。当系统处于远离平衡状态时，一个涨落或一组涨落可能由于正反馈而变得相当大，使它破坏了原有的系统结构，系统便来到

①② 伊·普里戈金，伊·斯唐热. 从混沌到有序人与自然的新对话 [M]. 曾庆宏，沈小峰，译. 上海：上海世纪出版集团，2005：6.

一个"分叉点"，在此时根本不可能事先确定变化将在哪个方向上发生，也不能确定系统将向哪个方向发展，在此时开放系统由于系统内部非线性的相互作用，通过一个自组织的过程从无序与混沌中自发地产生一个新的有序，达成新的平衡。

对于教学设计系统，传统教学设计是一个接近平衡系统，传统教学设计一直处于教师设计教学方案，学生接受教学方案这一稳定、有序的状态，教师严格控制这一系统，系统内部也有诸如教师对教学设计作出一定调整之类的小变化，但这些变化根本不足以影响系统的稳定。学生参与教学设计，给教学设计过程注入新的因素，必然会对教学设计系统原有的秩序产生一定冲击，原有教学设计系统必然会受到一定的影响，会掀起一定的波折，产生一定变化，即复杂理论所称的"涨落"或"起伏"。随着学生参与的不断深入，学生对原有教学设计系统的影响越来越大，原有教学设计系统内部的变化也不断加大，当变化达到一定程度的时候，便来到一个"分叉点"，教学设计原有的稳定状态被彻底打破，秩序将不复存在。教学设计系统作为一个开放的系统，在系统内部的学生、教师的自发组织、自发调节下，会走向一种新的稳定，形成新的平衡与有序。从传统教学设计走向参与式教学设计的过程，是教学设计系统从"平衡→不平衡→新的平衡"的过程。而在参与式教学设计的开展过程中，随着开展的不断深入，学生参与能力不断增强，参与程度不断提高，学生会对参与式教学设计的开展产生新的想法与看法，会尝试以新的方式来参与教学设计，这又会对原有的参与式教学设计开展方式产生冲击，打破原有的平衡，并建立新的平衡，使参与式教学设计由咨询式走向协商式，再走向参谋式等。可见，从复杂理论视域审视，在由传统教学设计走向参与式教学设计的过程中，参与式教学设计实质上是一个打破传统教学设计下的平衡与有序，通过系统内部的自组织而形成新的有序的过程；在参与式教学设计开展过程中，参与式教学设计也不断打破低层次的参与式教学设计下的稳定与有序，并通过系统内部的自组织而不断迈向更高层次参与式教学设计下的平衡与有序。

3. 参与式教学设计是一个民主过程

民主是指"多数人的统治，或叫人民的统治，即最终的政治决定权不依赖于个别人或少数人，而是特定人群或人民全体的多数。"① 民主以人人平等，少数服从多数为基本特征。不同于传统教学设计教师可以独自作出教学设计过程中的所有决策，参与式教学设计的决策是师生共同作出的。参与式教学设计的各种决策都需要教师和所有学生均参与，各自发表自己的观点与意见，在相互沟通、相互交流、相互探讨、相互协商、相互妥协中共同作出教学目标制定、教学内容选择、教学方法与手段选用、教学评价等各方面的决策。在参与式教学设计决策过程中，所有学生的意见与建议都得到尊重，学生发表自己的观点，也倾听他人的观点与意见，在认真思考、权衡之后，作出自己的选择，并做出相应的决策。在参与式教学设计中，无论是教师，还是学生，均对教学设计拥有一定的决策权，但都不享有绝对的决策权，只是分享这一决策权，每个个体均享有决策权的一部分份额，正如民主过程中每人都有一票一样。而在决策过程中，每个人都要考虑其他人的意见，在与他人协商中达成共识，如果相互之间有冲突，比如优生与学困生的观点、意见有冲突，谁的意见都无法压制对方的观点，只有通过双方的协商、通过相互妥协达成共识，如果未能达成共识，也是通过少数服从多数的方式来处理。可见，参与式教学设计是一个民主的过程，是师生间、生生间在民主协商中达成共识的过程，随着参与式教学设计的开展，师生间、生生间民主氛围逐渐形成，在不断交流与协作中，逐渐学会如何民主地生活。

4. 参与式教学设计是一个遵循学生身心发展逻辑的过程

教学设计所遵循的规律或逻辑主要有两类，一是知识的内在逻辑，二是学生的身心发展逻辑。不同于传统教学设计按知识的内在逻辑来设计教学，参与式教学设计是按学生的身心发展逻辑来设计教学。在参与式教学设计过程中，通过师生间、生生间的交流、讨论以及学生对教学设计提出意见与建议等，学生对教学设计的想法与看法等得以充分表达，其个性、差异性等得以充分显现，其发展需求得以展现。参与式教学设计充分尊重并遵照学生的意见与建议开展教学设计，而学生的意见与建议是学生根据自身的发展需要而提出的，是其内在身心发展逻辑的体现，这样通过尊重与遵照学生的意见与建议，学生的身心发展逻辑就在教学设计过程中得以有效遵循。可见，从

---

① 顾肃. 论政治文明中的民主概念和原则 [J]. 江苏社会科学，2003 (6)：12 - 18.

心理学视域审视，让学生参与教学设计的过程，事实上是一个学生的身心发展逻辑得以显现，并得到遵循的过程。

5. 参与式教学设计是师生间、生生间相互学习、共同发展的过程

在参与式教学设计过程中，参与教学设计的主体教师、学生在知识背景、能力水平、经历经验等方面有较大的差异，师生所扮演的角色、所处的位置以及各自视角也有很大的不同，学生能从自己的视角看到教师所看不到的一些方面，能根据自身的知识经验等给教师提供一些独特的意见与建议，同样教师也能从教师的视角看到学生所不能看到的方面，也能够给学生提供一些有价值的意见与建议。师生间通过相互交流、相互探讨，能够弥补彼此视角的局限，能从对方的想法与看法中获得对自己发展有益的意见与建议，从而实现师生间的相互学习、相互促进。同时，学生的智力水平、认知风格、学习风格、个性特征等均有差异，学生之间也具有很强的互补性，在参与式教学设计过程中生生间也能在相互交流、相互探讨中，学习他人的长处，分享他人的实践经验，吸取他人的教训，也能将自己的经验与教训提供给他人，以资他人借鉴，在互相倾听中实现经验、资源共享，相互取长补短、相互学习、相互促进，共同发展与提高。所以，从教育学视域审视，参与式教学设计过程不仅是为了学生更好地学习，而且参与式教学设计过程本身就是一个师生间、生生间相互学习、共同发展的过程。

二、参与式教学设计与传统教学设计的分野

参与式教学设计各大范畴的基本特征是不同于传统教学设计的，这主要表现在以下方面。

1. 参与式教学设计的设计主体是多元的

区别于传统教学设计只有教师这一单一设计主体，参与式教学设计的设计主体是教师和所有学生。

2. 参与式教学设计中师生是合作、协作的关系

在传统教学设计中，教师认识学生，并基于对学生的认识开展教学设计，学生是教师认识与作用的对象，师生间是主客体的关系，而在参与式教学设计中，教师、学生作为平等的主体参与到教学设计中，共同为教学设计做出

努力，师生间是协作、互助的关系。

3. 参与式教学设计是过程导向的

传统教学设计以达成、实现预定的教学目标为宗旨，紧紧围绕教学目标开展教学设计，仅强调教学目标的实现，片面追求教学效果的达成，是一种目标导向的教学设计方式，参与式教学设计并不是不要目标，而是在关注目标的同时更加注重过程，关注学生在过程中的经历体会与情感体验，注重学生在过程中所获得的发展与进步，是一种过程导向的教学设计方式。

4. 参与式教学设计是一种动态设计

在传统教学设计中，教师基于对教学内容的分析以及对学生的前有认识独自设计教学方案，而且教师一旦完成教学方案的设计，便着手实施与执行这一方案，过程中间不再对教学方案作出调整与改变，而在参与式教学设计过程中，教学方案是在师生间、生生间的对话、交流中，在相互协商、相互妥协中动态生成的，同时所生成的教学方案在执行过程中需要根据教师、学生的想法与意见，教学情境等的变化而持续调适、不断修改与完善。

5. 参与式教学设计的环境与条件是共同创设的

区别于传统教学设计，由教师独自创设教学环境、氛围与条件等，参与式教学设计的教学环境、氛围与条件等均是师生共同创设的。

6. 参与式教学设计的资源与经验是共享的

在传统教学设计中，无论是学生各自所拥有的学习资源还是学生学习过程中所获得的学习经验，均是学生各自独享的，而参与式教学设计过程中，师生共享各种学习资源（无论这种资源是老师提供的，还是学生提供的），同时彼此分享各自在过程中获得的经验、教训等。

三、参与式教学设计的实施

（1）参与式教学设计的实施是创生取向的。参与式教学设计的实施不是严格地、忠实地、机械地根据原有实施方案行事，而是根据现实的需要以及情况变化等不断对原有的方案进行相应的调整与改进。

（2）实施目标体现综合性与多维性，实施过程体现整体性与连续性，实施程度体现层次性与差异性，实施方法体现多样性与灵活性是参与式教学设计顺利开展、有效达成相应效果的前提与基础。

（3）参与式教学设计的实施过程可大致分为准备、自主行动、献计献策、合作设计、执行监控、开展评价、反思反馈七个阶段。

（4）参与式教学设计的每一次实施应为下一次参与式教学设计实施提供必要的支撑，起到一定的助推作用，伴随每一次参与式教学设计的实施，相关人员的观念得以转变，其能力素质得以提高，有关机制、体系得以调整，相应氛围、文化得以形成，这是实现参与式教学设计实施良性循环的重要保障。

四、参与式教学设计的现实

通过理论研究、调查分析、实践检验，对于我国当前教育背景下开展参与式教学设计的现实情况，本研究得出了以下三个方面的结论。

（1）开展参与式教学设计是必要的。无论从时代发展、改进现行教学设计方式、深化新课程改革以及纠正参与式教学误区的需要方面来看，还是从教育现实中学生、教师、领导等相关群体对参与式教学设计的需求方面来看，开展参与式教学设计都是必要的。

（2）开展参与式教学设计面临困难与挑战。开展参与式教学设计所面临的困难与挑战主要表现在三个方面：其一为外部环境方面的困难，主要包括升学压力，学校物质条件、信息资料及经费的不足，以及无法从家长处获得实质性支持等；其二为课堂内部的困难，主要是普通中学的班额过大以及由此引发的课堂管理等问题；其三为相关人员方面的困难，主要有相关人员对参与式教学设计重要性的认识还不是很充分，对开展参与式教学设计的支持程度还不是很高，相关人员的教学、学习任务繁重，相关人员的知识水平与能力亟待提高等。

（3）开展参与式教学设计是可行的。开展参与式教学设计虽然面临着困难与挑战，但是对各种困难加以综合分析，会发现外部环境方面的困难和课堂内部的困难虽无法完全消除与避免，但可以通过采取适当措施来减少与降低其影响；相关人员方面的困难，可以通过思想动员、培训等来加以部分克服与解决。所面临的各种困难对参与式教学设计的开展有一定的影响，但远不足以阻止参与式教学设计的有效开展。对参与式教学设计所开展的实验研究进一步验证了在当前的教育现实背景下，只要合理利用现有的资源与条件，采取相应的措施与方法，因地制宜、灵活多样地开展参与式教学设计，参与式教学设计是完全能够开展下去的。

五、参与式教学设计的前景

参与式教学设计的前景主要包括开展前景和研究前景，本书对参与式教学设计这两大前景的看法如下。

1. 参与式教学设计的开展前景

参与式教学设计的开展前景看好。参与式教学设计具有多方面的价值与作用，我国当前教育现实中需要开展参与式教学设计，参与式教学设计在当前现实教育中是可行的，实验研究表明在当前现实教育中开展参与式教学设计能够取得相应的效果，基于以上四点本书认为参与式教学设计会日益得到重视，并得以广泛开展。

2. 参与式教学设计的研究前景

当前国内在参与式教学设计方面的理论与实践研究均存在不足，对参与式教学设计相关问题进行系统而深入的研究是很有价值的研究课题。本书从对参与式教学设计进行追本溯源以及对国内外已有研究进行归纳总结着手，对参与式教学设计的理论与现实基础，参与式教学设计的基本理念与基本特征，以及开展参与式教学设计的现实问题等进行了分析与探讨，解决了参与式教学设计的性质与特点、开展参与式教学设计的必要性与可行性等问题。本书还对参与式教学设计的开展方式、参与式教学设计的实际效果等问题进行了研究，构建了参与式教学设计实施的大致框架，所开展的实验研究取得了提高学生学习兴趣等效果，这部分研究还有待进一步充实与完善。具体而言，本书认为，参与式教学设计下一步亟待研究与解决的问题主要包括：

（1）不同教育背景下参与式教学设计的实施方式、方法与策略构建问题，主要包括：不同学校（不同学段、不同类型、不同条件、不同位置等）开展参与式教学设计所面临的具体情况是怎样的？在不同学校中参与式教学设计具体如何开展？大额班级、小额班级中参与式教学设计分别如何开展？

（2）参与式教学设计与不同学科的关系问题，主要包括：各门学科的具体特点对参与式教学设计的开展有何影响？参与式教学设计在不同学科中具体如何开展？参与式教学设计对不同学科教学的作用有何异同？

（3）参与式教学设计与不同类型学生的关系问题，主要包括：不同学生（不同学习成绩、不同学段、不同性别、不同个性特点、不同认知特点、不同家庭条件等）具体如何参与教学设计？参与式教学设计对不同学生的作用有什么不同？参与式教学设计如何开展才能有效促进各类学生的发展？

（4）参与式教学设计与教师的关系问题，主要包括：教师在参与式教学设计中应该扮演哪些角色，应该起到哪些作用？教师如何扮演好这些角色？如何提高教师组织、管理、引导参与式教学设计的能力？参与式教学设计如何有效地促进教师的专业发展？

（5）参与式教学设计开展过程中的相关问题，主要包括：对于部分学生不参与或消极参与如何解决？如何处理参与式教学设计过程中的师生间、生生间意见不一致的问题？参与式教学设计中如何尊重与保护弱势学生的意见？如何实现学生行为、认知、情感三方面参与的有机统一？在参与式教学设计过程中，师生间、生生间如何有效地进行合作？

（6）参与式教学设计的评价问题，主要包括：学生、教师在参与式教学设计评价中分别起什么作用？如何开展参与式教学设计评价？如何通过参与式教学设计评价促进学生、教师等的发展，并促进参与式教学设计本身的深化与完善？

（7）参与式教学设计与现代教育技术的关系问题，主要包括：现代教育技术对参与式教学设计的开展有什么作用？如何应用现代教育技术为参与式教学设计服务？在参与式教学设计开展中各种现代教育技术之间，现代教育技术与原有方式方法之间如何协调统一，如何有效统整？

（8）参与式教学设计本身的完善以及参与式教学设计体系构建问题，主要包括：参与式教学设计的各阶段、各个环节之间如何协调、如何成为一个统一整体？各个学段的参与式教学设计之间如何衔接，如何形成一个参与式教学设计体系？如何处理参与式教学设计与其他教育教学活动之间的关系？如何实现参与式教学设计本身的自我改进、自我完善？

第二节　思考与建议

　　基于研究结论以及在此基础上展开的思考与探索，本书对开展参与式教学设计提出以下意见与建议。

一、开展配套改革为参与式教学设计注入源泉

　　开展参与式教学设计意味着"改变"，改变传统的教学设计方式，改变原有的一些思想观念以及原有的一些做法等，在这一过程中学生需要改变，教师需要改变，学校领导需要改变，一切相关的人都需要进行一定的改变。学生、教师等个人的行为发生改变相对容易，然而，如果这种改变跟学校甚或整个教育系统的制度与体系有冲突，那这些制度与体系就成了学生、教师等个人改变、发展的极大障碍。而且不希望改变的群体有可能还包括学校、教育主管部门的领导，他们握有一定的权力，对很多事情掌握着决策权，在这样的情况下学生、教师等个人的改变、发展就极为艰难。制度、体系等不仅限制与制约着参与式教学设计能否顺利开展，而且也规定约束着参与式教学设计开展的深度与广度，制度与体系的改革与发展是参与式教学设计成败的关键，只有当整个机构的结构、体系、管理和文化等都接受参与式教学设计所带来的变革，参与式教学设计才能取得真正意义上的成功。我国普通学校的教育长期以来都是一种以升学为中心的教育方式，这种教育方式下，已形成了一系列的思想观念、方法体制、组织机构、评价方式等与之相适应。而参与式教学设计是以发挥学生的主体性、尊重学生的个体性与差异性等为宗旨的活动，它所持的教育理念与传统的教育理念有很大的不同，必然会对传统的以升学为中心的教育方式有所冲击，与之有一定的冲突。要使参与式教学设计得以顺利开展与深化，有待对这些思想观念、方法体制、组织机构、评价方式等作出一定的调整。否则，参与式教学设计的开展必将受到很大的限制，甚至在层层的阻碍下流于形式或开展不下去；也可能使参与式教学设计遭到扭曲，使其功能异化，成为一个怪胎，成为一些学校走秀、扬名等的

一种手段。因此，必须将参与式教学设计的开展与相应制度、体系等的变革融合在一起，只有搞好了各种配套改革，参与式教学设计才有其生长的土壤及发展的空间。当然这绝不意味着要先等各种配套改革搞好了再开展参与式教学设计，而应该让参与式教学设计的开展过程成为教学改革的助推力，以参与式教学设计的开展为契机，使原有的与新时代不相适应的思想观念、方法体制、组织机构得到一次全面的革新。

二、实现参与式教学设计与学生升学之间的良性互动

目前，学生到校读书的目的日益多元化，诸如学知识、长技能、养习惯、谋发展等等均成为学生读书的目的。但不可否认的是，对于大多数学生而言升学仍是学生到校读书最主要的目的。在参与式教学设计开展过程中，学生升学是一个无法回避的问题。欲让教师、学生在开展参与式教学设计过程中，不考虑升学问题或让升学问题对参与式教学设计的开展作出一定的让步，在目前的现实教育环境下是非常不现实的，同样在当前的现实教育背景下想回避或绕过学生升学问题来开展参与式教学设计基本上是不可能的。正如本书第四章中所分析，是否合理处理参与式教学设计与学生升学的关系直接关系到参与式教学设计能否顺利开展。除此之外，升学问题还关系参与式教学设计能否开展好，能否达到相应的效果，能否达成相应的目标。倘若所开展的参与式教学设计对学生升学起到正面的促进作用，那么教师、学生等相关人员就会热情主动地开展参与式教学设计，这对参与式教学设计相关目标的达成有很大的促进作用。与之相反，倘若所开展的参与式教学设计不但无助于学生的升学，反而还对此产生严重影响，那么教师、学生等相关人员即使勉强开展参与式教学设计，在参与过程中也会对此索然无味、无精打采、应付了事，这样参与式教学设计相关目标无法达成也就成为必然。因此，参与式教学设计不能无视或忽视学生的升学，应合理处理参与式教学设计开展与学生升学的关系。为此，一方面，开展参与式教学设计应尽量避免对学生正常学习带来干扰与影响。应在时间、条件、人员等方面作出相应的安排、采取相应的措施，使开展参与式教学设计在时间上不会与学生正常学习形成冲突，尽量不占用用于学业教育的条件与资源等，同时尽可能地不对相关人员造成

额外负担。另一方面，开展参与式教学设计应与有效提高学生的学业成绩结合起来。参与式教学设计的直接目标之一就是要提高教学方案的适切性，提高教学设计的质量，参与式教学设计本身是有助于提高教学效果、提高学生学业成绩的。在实践操作中，应提高对参与式教学设计在提高学生学业成绩方面的价值与作用的重视程度，切实采取有效措施，让参与式教学设计在促进学生学业成绩方面的价值与作用得以充分显现，这样参与式教学设计才能开展好，其长期实施也才会有动力与源泉。

三、参与式教学设计应以类似教育教学活动为鉴

在我国，参与式教学设计的确是一个近年来才提出来的一个概念，它所持的理念、所倡导的价值观念以及它的具体实施与以前的教育教学活动有所不同。但只要我们进行深入的考察，就会发现参与式教学设计虽与以前的主体性教育、参与式教学、协商课程、研究性学习等活动有所区别，然而它们在开展宗旨、开展方式、开展过程等方面都有很多相似之处，它们都倡导尊重学生个性，发展学生的兴趣爱好，增强学生的独立思考、自主学习、实践操作能力等。所以，不应将参与式教学设计看作是一种全新的活动，割断参与式教学设计与这些教育教学活动的联系，相反参与式教学设计应从这些活动中获得有益的启示。参与式教学、研究性学习等活动已在我国开展多年，开展的过程中有成功的经验，也有失败或受挫的教训与痛苦。开展参与式教学、研究性学习活动时也遇到过诸如升学压力、相关人员的时间与精力不够等问题，也出现过活动有效促进了学生综合实践能力的提高以及活动在种种压力下停滞不前或走向失败等情况。对这些活动开展的成功经验加以总结，进行借鉴，有助于参与式教学设计健康、有效地开展下去，而对以前这些活动开展过程中遇到的困难、出现的问题加以研究，将有助于从中获得教训，少走或不走弯路。

四、参与式教学设计应与学案导学等活动携手并进

参与式教学设计的理念、目标等与学案导学、构建学习共同体等教育教

学活动有很多相同、相近或共通之处，相互之间有很强的互补性。在具体教学实践中，将参与式教学设计与这些教育教学结合起来开展，有利于形成一股合力，共同致力于相应目标的达成、相应效果的取得，从而推动学生不断发展与提高。

（一）与学案导学活动结合

"学案"是指学习方案，它是相对于"教案"的一个概念，"教案"是教师教学时使用的方案，"学案"则是供学生学习使用的方案，学案可由学生制定、教师制定或者师生共同制定。而"学案导学"则是指"以学生学会学习为宗旨，以学案为依托，以教师为主导，以学生为主体，以创新性、发展性为目标，实现学生自学能力、合作能力、创新能力和整体素质共同提高的一种教学模式"①。"学案导学"活动与参与式教学设计所持的理念具有很大的相似性，所要达成的目标具有很强的一致性，这主要表现在：第一，二者均尊重学生的个体差异性，致力于实现学生个性化发展；第二，二者均倡导发挥学生的主体性，让学生学会学习，提升学生的自主学习能力；第三，二者均重视在教学、学习过程中师生间相互交流、通力协作。在具体教学实践中整合二者，可以采用先通过参与式教学设计完成教学方案的设计，然后再根据师生共同设计的教学方案以及各个学生的现实情况，学生在教师的指导下制定相应的学案。学生通过参与教学设计过程会对教学目标、教学意图等有进一步的了解与认识，这有利于制定出更切合学生自身特点的学案，高质量的学案反过来又有利于教学方案的有效落实以及深化拓展。

（二）与构建学习共同体结合

"共同体"（community）一词最初源于德文"gemeinschaft"，1887 年德国学者滕尼斯（Tonnies）采用"gemeinschaft"这一概念来强调人与人之间的紧密关系，共同的精神意识以及对群体的认同感、归属感。波普兰（Poplin，1979）将共同体定义为社区、社群以及在行动上、思想上遵照普遍接受的道德标准聚合在一起的团体。希尔和特纳（Hill and Turner，1994）认为共同体

---

① 袁令卓.《字案导学》模式在生物教学中的应用［J］. 中学生物教学，2000（6）：25－26.

这一概念可以用三个要素来描述：一是特别社会结构中人群的聚集；二是具有归属感或共同的'精神'；三是地理上的各类自我抑制。从以上三种对共同体的界定与阐释中，可以明确共同体实质上是为了特定的目的而聚集在一起的社会群体，群体内各成员在生活、交往的过程中逐渐形成了相互依赖、相互协作的关系，形成了一些共同的信念、价值观等，各成员也对群体产生一种认同感与归属感。"学习共同体"（learning community），也称为"学习者共同体"（community of learners），是将"共同体"概念引入到教育领域而形成的一个概念，最早出现于博耶（Boyer, 1995）发表的题为《基础学校：学习共同体》的报告之中，该研究提出的学习共同体是指，所有人因共同的使命并朝共同的愿景一起学习的组织，共同体中的人共同分享学习的兴趣，共同寻找通向知识的旅程和理解世界运作的方式，并朝着这一目标相互作用和共同参与。从这一定义中可以发现学习共同体主要具有四个方面的特征：第一，共同的目标。学习共同体的成员是因共同的愿景、共同的目标而聚集在一起的。第二，尊重成员的差异、尊重成员的参与。共同体的每个成员都积极参与到实现共同目标的过程之中，并在此过程中发挥各自不同的作用。第三，成员间的合作。每个成员不是各自为政，而是相互沟通、相互交流、互相倾听，在相互支持、相互协作中去实现共同目标。第四，资源、成果等的共享。在学习过程中，共同体的成员共享各种学习资源，也分享各自的实践经验。

建立学习共同体有利于共同体内部形成互动交流的文化氛围，有利于成员之间的相互合作、相互促进、共同提高，也有助于成员之间形成亲密合作的人际关系等，基于对学习共同体的价值与作用的认识，当前构建学习共同体问题已在教育理论界和实践界引起了广泛的关注与重视。然而，构建学习共同体并非易事，它有相应的要求与条件，正如博耶（Boyer, 1995）在《基础学校：学习共同体》中所指出，建立学习的共同体必须具备以下条件：有共享的愿景，能够彼此的交流，人人平等，有规则纪律约束，关心照顾学生，气氛是快乐的。而参与式教学设计活动符合构建学习共同体的要求与条件，这主要表现在：参与式教学设计是师生为了优化教学方案、提高教学质量、促进学生发展这一共同目标而努力的过程；参与式教学设计过程中，师生间相互尊重，彼此发挥不同的作用；参与式教学设计是一个师生间相互协作、相互学习、相互促进的过程；参与式教学设计过程中师生、生生共享学习资源，分享学习经验。在开展参与式教学设计的过程中，可以有意识地将参与式教学设计的开展与学习共同体的构建结合起来，可将参与式教学设计作为建立学习共同体的方式与途径，将形成学习共同体作为开展参与式教学设计的目标之一。随着参与式教学设计的开展，师生间就教学设计问题不断交流与协作，逐渐形成相互依赖、相互促进的关系，有效推动学习共同体的形成与不断深化，而学习共同体的形成与不断深化，又反过来促进师生间、生生间更好地协作，促进参与式教学设计的顺利、高效开展，将二者结合起来，有利于二者之间的相互促进与循环推动。

五、参与式教学设计并非"万能"

参与式教学设计强调发挥学生的主体性，让学生积极主动地参与教学设计，这有利于学生的个性特点、差异性等更好地表现出来，有利于学生意见得以表达、获得尊重，有利于群策群力，有利于师生间的更好沟通与交流，有利于教学设计更好地遵循学生的心理逻辑等。参与式教学设计有有利于教学设计更好地遵循学生的心理逻辑的一面，但是参与式教学设计也有损伤教学设计遵循知识的内在逻辑的一面。参与式教学设计充分遵循学生的意见与建议，然而学生对知识的内在逻辑的了解与认识非常有限，教师也无法在短期内说服学生去遵循知识的内在逻辑，这不可避免地会使教学设计过程遵循知识的内在逻辑受到一定的影响，这使得参与式教学设计在对知识的内在逻辑的遵循方面不如传统教学设计做得好。部分理论性强、客观性高的教学内容，比如一些数理逻辑方面的教学内容，对教学设计过程遵循知识的内在逻辑有强烈的要求，对于这部分教学内容，使用传统的教学设计方式的效果可能会更好一些。在开展参与式教学设计过程中，对于部分直接由教师设计可能会取得更好效果、更高效率、更优效益的教学内容，也不排除让教师直接设计。开展参与式教学设计并不是要以参与式教学设计来取代其他的教学设计方式，而是要使之与其他教学设计方式一道促进教学设计实现更好效果、更高效率、更优效益。与其说参与式教学设计要取代原有教学设计方式，毋宁说参与式教学设计要丰富原有的教学设计方式。在实际教学过程中，需懂得并不是所有的教学内容都适合开展参与式教学设计，不能因强调参与式教学设计，就完全否定原有的教学设计方式。相反，参与式教学设计应与原有的教学设计方式有机结合，相得益彰，才会使教学设计更加出色。所以，对参与式教学设计应该进行正确定位，既明确认识到其优势，也要清楚地认识到它的不足与局限性。

六、警惕参与式教学设计变"坏"

学生是具有非常大的个体差异性、非常强的变化发展性的群体，参与式教学设计对各个学生所产生的影响相应地也具有很强的差异性，参与式教学设计对所有学生的所有影响，根本无法完全预测。再加之教学现实的复杂多样性，更加剧了对参与式教学设计可能带来的影响与效应的无法完全预测性。因此，参与式教学设计开展过程中出现一些意料之外的不良现象也不是不可能的。在本书开展参与式教学设计实验的过程中，就曾出现了一种不良现象的苗头。随着参与式教学设计的开展，实验班有极个别成绩较好的学生的个人主义开始过度膨胀，他们非要什么都按自己的意思行事才肯罢休，一旦自己的意见或建议被小组或班上同学否决，便开始消极参与。在发现这一现象之后，实验教师当即采取了行动，与这部分同学进行了交流与谈话，让其进一步意识到参与式教学设计不仅是一个设计教学方案的过程，也是一个学会与他人相处，学会共同生活的过程，同时也针对他们那些没被采纳的意见与建议进行了分析，让其明确意见未被采纳的原因，并建议他们将他们所提的意见与建议用于指导他们自己的学习，并就如何做到这一点给他们提供了一些指导。通过这种方式，这一问题得以及时解决。在参与式教学设计开展过程，诸如此类的不良现象不但会影响参与式教学设计的顺利开展以及原有目标的顺利实现，而且倘若此类现象没得到及时的处理，还有可能对学生的长远发展产生一些负面影响。为此，在开展参与式教学设计的过程中，应对过程中可能或正在出现的不良现象加以重视，及时发现并有效处理这类问题，使参与式教学设计得以顺利开展，其目标得以顺利实现。

七、慎防参与式教学设计误入歧途

（一）避免排斥教师的作用

学生参与教学设计，学生在教学设计中的作用不断增强，但这并不意味着教师作用的减弱，相反教师的作用变得更为重要，只是教师的角色、教师作用的类型以及教师作用的方式有所转变而已。学生参与教学设计，教师仍然在教学设计中享有自己的位置，教师仍对教学设计过程作出重大贡献，教师发挥作用的范围和力度都有所增加，教师必须拥有丰富的技能，包括训练技能、补习技能、引导技能和辅导技能等，教师必须激发学生参与动机，创设参与环境，培养学生参与能力，领导、组织与管理学生参与，启发学生思考、组织学生讨论、引导学生总结，充当咨询者和建议者等。完全由学生自主，教师不参与的教学设计是发展的方向和目标，只有在学生拥有了较高的能力和水平时才能实现，不能处处都追求学生自主，排斥教师作用的发挥。在尊重与发挥学生的主体性，体现学生对教学设计积极作用的同时，也不能否认教师的设计专家角色以及教师在这一过程中的积极作用。在参与过程中，教师与学生应各尽其力，共同为完善教学设计，为教学目标的达成，教学效果的实现做出努力。在参与式教学设计开展过程中，从一开始就必须制止那种完全由学生决策、排斥教师作用的倾向，那只会从一种极端走向另一种极端，从一种"霸权"走向了另一种"霸权"。

（二）避免参与的程式化

教学现实的丰富性与多变性、学生的差异性与发展性等，决定了参与式教学设计的开展必须具有较高的弹性与灵活性。参与式教学设计的灵活程度决定着参与式教学设计的适应性，决定着参与式教学设计的应用面，参与式教学设计的弹性与灵活程度愈高则适应性越强、应用面越广，反之亦然。以固定不变、机械划一的模式来开展参与式教学设计，不但直接影响着参与式教学设计能否开展，而且即使开展起来，也会使参与式教学设计的效果、效率、效益等大打折扣。在参与式教学设计的开展过程中，应将参与式教学设计作为一种理念，而不是一种模式，在具体教学实践中应尽可能多地让学生参与教学设计，也应根据现实具体情况因地、因人制宜地开展参与式教学设计。参与式教学设计作为一种灵活的教学设计方式，其开展过程具有很强情境性、动态性与变化性，并无固定模式可循，将参与式教学设计的开展过程固定化、模式化，意味着扼杀参与式教学设计的生机与活力，意味着其魅力就此消失。在参与式教学设计开展过程中应认识到，严格、机械地按照固定的步骤行事，而忽视参与式教学设计所要达到目标与效果，比没有参与更加糟糕。

(三) 避免参与的形式化

正如凯瑞·史密斯（Kari Smith）所言，"并不是所有学生都愿意负起参与教学设计这种责任，也不是所有的教师都愿意与学生分享教学设计的权利"[①]。部分学生不愿意做这份"教师的工作"，他们宁愿被告之如何做而不是从设计者的角度来自我规划。部分教师也常常感到需要应用他们被赋予的权威，因为如果他们放弃这种权威，他们会觉得有失控的危险。如果教师和学生对参与没有积极性和主动性，参与很可能滑向有参与之形式而无参与之实质，成了为参与而参与，沦为一种表演与展示，表面上看起来热闹，而对教学效果、教学质量的提高并无裨益。有效避免这一现象的关键是让教师、学生充分认识到学生参与教学设计的价值和意义，充分调动其积极性、主动性，让其自觉自愿、充满愉悦地参与到教学设计之中。同时，参与的形式和方式应尽可能地简洁明了，易于为学生所理解和掌握，避免因参与过程过于复杂而使得学生难以掌握，使参与过程本身成为一大问题与困难，这不但无助于教学质量的提高，反而增加了学生的负担。

(四) 避免参与的拔高化

学生参与教学设计的程度，并不是参与程度越高越好，而是应该根据具体的情况和条件来决定学生是以何种方式、在何种程度上参与教学设计。在开展参与式教学设计的过程中，教师不应人为地去拔高学生参与的程度，而

---

① Breen M P, Littlejohn A. 课堂教学决策 [M]. 上海：上海外语教学出版社，2002：55–62.

应让学生以合适的程度去参与，循序渐进、逐步深化，这样才能取得相应的效果，达成相应的目标。对于任何一项活动，只有当活动提出的要求与学生的能力在一定范围内时，学生的兴趣、快乐才能产生，反之如果学生的能力与活动的要求相差甚远时，学生就会畏惧、退避或应付、敷衍。倘若无限拔高学生参与的程度，学生达不到相应的要求，学生对参与教学设计的兴趣必然减退。不切合实际地拔高学生参与教学设计的程度，不但无助于参与式教学设计效果的取得，甚至会适得其反，挫伤学生的参与热情与积极性，让参与成了一种负担，成了一种"揠苗助长"。

（五）避免参与的精英化

学生参与教学设计应注意避免话语权被少数学生所占据，少数学习成绩好的，外向的、动机强的，过于积极的、善谈的学生成了参与的主角，压制了其他学生的参与，大多数学生成了旁观者和看客。参与成了少数优秀学生的事，这与参与的初衷不符，也不利于参与效果的获得。事实上，学生参与教学设计的过程是一个有效整合统一的教学计划和学生各自的学习计划的过程，这必然需要每个学生的参与，同时每一个学生都有自己的优势和特点，都具有对自身的学习进行计划和规划的能力，只要引导得当，学习成绩差的学生完全能够参与教学设计。在具体的教学实践中，教师应对学生参与教学设计有正确的认识，应引导每一个学生都积极、主动地参与到教学设计中来，并力求通过教师和学生的共同努力促进每一个学生的学习决策、学习规划、学习管理、学习调控等能力得以不断提高，促使每一个学生都获得最适宜的发展。

八、积极应用现代信息技术为参与式教学设计"添翼"

前期的文献梳理、调查研究、实践研究均发现学生参与教学设计的方式不够便捷，开展参与式教学设计费时费力是开展参与式教学设计面临的困难之一。借助现代信息技术的优势，依托社交、教学平台工具等开展参与式教学设计，有助于参与式教学设计方便快捷、省时省力地开展。笔者前期在高校《大学计算机》课程教学中开展了基于微信、雨课堂等平台工具的参与式教学设计的探索与实践，借助微信在多人交互、形成群组、信息及时传达等方面的优势，结合雨课堂在课前意见征询、课堂实时反馈与弹幕互动、课后拓展资源共建与共享等方面的价值与作用，应用微信和雨课堂方便快捷地开展了参与式教学设计实践。实践应用过程中采取的措施主要为：通过微信群和微信好友间聊天开展访谈调查，通过雨课堂开展问卷调查，收集学生对教学设计的意见与建议；通过微信群讨论和微信好友个别聊天的方式，展开讨论交流，教师收集与整理学生意见，形成教学方案初稿；教师将教学方案初稿上传至雨课堂班级，供学生进一步提出修改意见与建议；通过微信群协商和雨课堂投票的方式解决对教学设计意见不一致、难以形成共识的问题。笔者依托微信、雨课堂等平台工具开展的参与式教学设计实践取得了提高学生学习兴趣、教学参与度和学业成绩等实践成效。借助微信、雨课堂等平台工具学生可以方便快捷地参与教学设计，首先，学生在课前、课中、课后均能参与；其次，学生既可以课堂参与，也可以课外参与；最后，学生既可以线下参与，也可以线上参与。在参与式教学设计实践应用过程中实践者宜充分利用现代信息技术的优势，积极应用现代信息技术为参与式教学设计"添翼"，助推参与式教学设计方便快捷、优质高效的开展。

参考文献

［1］ Breen M P，Littlejohn A. 课堂教学决策 ［M］. 上海：上海外语教学出版社，2002.

［2］ Gardner D，Miller L. Establishing Self-Access from Theory to Practice ［M］. 上海：上海外语教育出版社，2002.

［3］ Gredler M E. 学习与教学——从理论到实践 ［M］. 张奇，译. 北京：中国轻工业出版社，2007.

［4］ 艾四林. 哈贝马斯交往理论评析 ［J］. 清华大学学报（哲学社会科学版），1995（3）：11－18.

［5］ 白磊. 学习共同体——教师专业成长的新模式 ［J］. 辽宁教育研究，2006（9）：92－95.

［6］ 伊·普里戈金，伊·斯唐热. 从混沌到有序人与自然的新对话 ［M］. 曾庆宏，沈小峰，译. 上海：上海世纪出版集团，2005.

［7］ 车文博. 人本主义心理学评价新探 ［J］. 心理学探新，1999（1）：4－15.

［8］ 陈登福. 做学习的主人，从参与备课开始 ［J］. 广东教育，2008（11）：117－118.

［9］ 陈文华. 马丁·布伯对话哲学视野下的教育关系构建 ［J］. 中国成人教育，2008（2）：9－11.

［10］ 陈祥娥. 中学地理参与式教学设计研究 ［D］. 桂林：广西师范大学，2015.

［11］ 陈向明. 参与式教师培训的实践与反思 ［J］. 教育研究与实验，2002（1）：66－71.

［12］陈向明．在参与中学习与行动——参与式方法培训指南［M］．北京：
教育科学出版社，2003.

［13］陈媛．参与性教学方法在马克思主义基本原理课中的运用初探［J］．南
方论刊，2008（10）：71－73.

［14］邓素芬．参与式教学设计在基础英语教学中的有效性研究——以湖南
第一师范学院六年制本科生为例［J］．长沙铁道学院学报（社会科学
版），2013（1）：117－119.

［15］邓小云．语文教学的主动参与策略［J］．天津市教科院学报，2004
（4）：88－90.

［16］巴赫金．关于陀思妥耶夫斯基一书的修订［M］//钱中文，译．巴赫金
全集（第五卷）．石家庄：河北教育出版社，1998.

［17］保尔·朗格朗．终身教育引论［M］．周南照，陈树清，译．北京：中
国对外翻译出版公司，1985.

［18］让－保罗·萨特．存在主义是一种人道主义［M］．周煦良，汤永宽，
译．上海：上海译文出版社，2005.

［19］冯锐，金蜻．学习共同体的思想形成与发展［J］．电化教育研究，2007
（3）：72－75.

［20］伽达默尔．真理与方法［M］．洪汉鼎，译．上海：上海译文出版社，
1992.

［21］高芳．师生共同参与构建高效型学科备课组初探［J］．中学生物教学，
2018（16）：11－13.

［22］高文．教学设计研究的未来——教学设计研究的昨天、今天与明天
（之三）［J］．中国电化教育，2005（3）：24－28.

［23］高文．教学系统设计（ISD）研究的历史回顾——教学设计研究的昨
天、今天与明天（之一）［J］．中国电化教育，2005（1）：17－22.

［24］高文．试论教学设计研究的定位——教学设计研究的昨天、今天与明
天（之二）［J］．中国电化教育，2005（2）：13－17.

［25］顾肃．论政治文明中的民主概念和原则［J］．江苏社会科学，2003
（6）：12－18.

［26］郭琳琳．多元智能理论指导下的学习者共同体环境建设［J］．软件导

刊，2008（1）：25 – 27.

[27] 国家统计局 . 中华人民共和国 2020 年国民经济和社会发展统计公报
　　 [Z]. 2021.

[28] 国务院 . 国务院关于基础教育改革与发展的决定 [Z]. 2001.

[29] 国务院 . 中共中央 国务院关于深化教育改革全面推进素质教育的决定
　　 [Z]. 1999.

[30] 郝德永 . 课程研制方法论 [M]. 北京：教育科学出版社，2000.

[31] 何克抗，郑永柏，谢幼如 . 教学系统设计 [M]. 北京：北京师范大学
　　出版社，2002.

[32] 和学新 . 主动参与的教学策略 [J]. 中小学教材教学，2004（11）：39 – 41.

[33] 韩红 . 交往的合理化与现代性的重建：哈贝马斯交往行动理论的深层
　　解读 [M]. 北京：人民出版社，2005.

[34] 胡定荣 . 回顾与反思：二十世纪课堂教学中学生主体参与的研究 [J].
　　教育理论与实践，2002（5）：40 – 44.

[35] 黄甫全 . 现代课程与教学论学程 [M]. 北京：人民教育出版社，2006.

[36] 黄崴 . 主体性教育理论：时代的教育哲学 [J]. 教育研究，2002（4）：
　　74 – 77.

[37] 黄伟 . 社会转型与教学设计——宏观社会教育系统设计理论对我们的
　　启示 [J]. 外国教育研究，2002（2）：15 – 18.

[38] 黄艳 . 自己动手丰"意"足"情"——如何引领学生参与古诗词教学
　　板书设计 [J]. 语文教学通讯·D 刊（学术刊），2015（12）：44 – 45.

[39] 姜莹 . 论参与性设计 [D]. 长沙：湖南大学，2003.

[40] 教育部 . 基础教育课程改革纲要（试行）[Z]. 2001.

[41] 金炳华，等 . 哲学大辞典（修订本）[M]. 上海：上海辞书出版社，
　　2001.

[42] 金慧，张际平 . 教学设计方法论体系的变革与未来 [J]. 中国电化教
　　育，2006（10）：13 – 16.

[43] 金延风，吴希红 . 自主与引导——基于自主学习的课堂教学引导策略
　　研究 [M]. 上海：华东师范大学出版社，2004.

[44] 孔企平 . 数学教学过程中的学生参与 [M]. 上海：华东师范大学出版

社，2003.

[45] 李宝庆. 协商课程研究 [D]. 重庆：西南大学，2006.

[46] 李宝庆，樊亚峤. 协商课程理论评析 [J]. 全球教育展望，2011（2）：
38－42.

[47] 李宝庆，靳玉乐. 协商课程对新课程改革有何启示 [N]. 中国教育报，
2006－05－27（3）.

[48] 李宝庆，靳玉乐. 协商课程评介 [J]. 教育学报，2006（3）：37－41，
54.

[49] 李海英. 协商课程研究 [D]. 上海：华东师范大学，2006.

[50] 李海英. 协商课程——一种新的课程范式 [J]. 教育理论与实践，2002
（9）：43－47.

[51] 李金芳，刘霞. 高校图书馆信息素养教育协商课程模式建构 [J]. 情报
资料工作，2014（3）：99－102，112.

[52] 李峻. 参与式教学：透视与反省 [J]. 教育科学研究，2005（12）：
34－37.

[53] 李琴.《导游业务》课程参与式教学设计应用研究 [D]. 大连：辽宁
师范大学，2018.

[54] 李小云. 参与式发展概论 [M]. 北京：中国农业版社，2000.

[55] 联合国教科文组织国际教育发展委员会. 学会生存：教育世界的今天
和明天 [M]. 北京：教育科学出版社，1996.

[56] 梁林梅. 贝拉·巴纳锡研究 [J]. 电化教育研究，2007（2）：22－27.

[57] 林亮景. 浅谈学生参与型备课模式在高职法学教学中的应用 [J]. 河南
司法警官职业学院学报，2006（2）：125－126.

[58] 林亮景. 学生参与备课模式在高职法学教学中的应用 [J]. 职业教育研
究，2007（2）：91－92.

[59] 刘放桐，等. 新编现代西方哲学 [M]. 北京：人民出版社，2000.

[60] 刘坤媛. 巴赫金"对话"理论中国化的启示 [J]. 社会科学战线，
2006（4）：109－111.

[61] 刘蕊. 基于巴赫金的对话理论探讨翻译批评标准中的"他者"意识
[J]. 安徽广播电视大学学报，2008（1）：79－81.

［62］ 刘小英，周萍．协商性教学中促进教学信息意义建构的实践［J］．上海教育科研，2007（1）：76 –77.

［63］ 刘宣文．人本主义学习理论述评［J］．浙江师范大学学报（社会科学版），2002（1）：90 –93.

［64］ 刘玉霞．指导学生参与板书设计的尝试［J］．语文教学通讯，2000（8）：44 –45.

［65］ 柳作林，熊长英．新时代思想政治理论课"参与式"教学实践与应用研究［J］．湖北社会科学，2018（8）：171 –176.

［66］ 卢正芝．学会参与：主体性教育模式研究［M］．杭州：浙江大学出版社，2003.

［67］ 吕幼兰，肖江平．让学生参与板书设计［J］．四川教育学院学报，1999（6）：59.

［68］ 罗伯特．M. 加涅，L. J. 布里格斯，W. W. 韦杰．教学设计原理［M］．皮连生，庞维国，译．上海：华东师范大学出版社，1999.

［69］ 罗伯特·D. 坦尼森，弗兰兹·肖特殊，诺伯特·M. 西尔，山尼·戴克斯特拉．教学设计的国际观（第1册）［M］．任友群，裴新宁，译．北京：教育科学出版社，2005.

［70］ 罗素．西方哲学史［M］．何兆武，李约瑟，译．北京：商务印书馆，2002.

［71］ 马瑞华．放手让学生参与板书设计［J］．内蒙古教育，1996（5）：16 –17.

［72］ 门亮．参与式设计方法和模型［J］．计算机技术与发展，2006（2）：163 –166，170.

［73］ 米靖．马丁·布伯对话教学思想探析［J］．外国教育研究，2003（2）：25 –29.

［74］ 庞维国．自主学习学与教的原理与策略［M］．上海：华东师范大学出版社，2003.

［75］ 裴娣娜．主体参与的教学策略——主体教育·发展性教学实验室研究报告之一［J］．学科教育，2000（1）：8 –11.

［76］ 裴娣娜．主体教育理论研究的范畴及基本问题［J］．教育研究，2004（6）：13 –15.

[77] 裴新宁. 面向学习者的教学设计 [M]. 北京：教育科学出版社，2005.

[78] 屈丹丹，孙宽宁. 基于 QQ 群的大学生参与式教学设计研究 [J]. 当代教育科学，2012（15）：14 – 16.

[79] 全守杰. "学习共同体" 研究理论考察与新探 [J]. 湖北经济学院学报，2007（10）：34 – 35.

[80] 任友群. 教学设计发展的新趋势 [J]. 全球教育展望，2005（5）：27 – 30.

[81] 盛群力. 教学设计的基本模式及其特点 [J]. 广州大学学报（社会科学版），2006（7）：32 – 37.

[82] 盛群力，程景利. 教学设计要有新视野——美国赖格卢斯教授访谈 [J]. 全球教育展望，2003（7）：3 – 5.

[83] 盛群力，李志强. 现代教学设计论 [M]. 杭州：浙江教育出版社，1998.

[84] 四川省统计局. 2020 年四川省国民经济和社会发展统计公报 [Z]. 2021.

[85] 粟高燕. 美国幼儿教育协商式课程述评 [J]. 教育研究与实验，2014（2）：42 – 46.

[86] 孙来成. 论协商学习 [J]. 中国成人教育，2007（11）：113 – 114.

[87] 孙来成. 协商课程：实现师生角色里程碑式的转变 [J]. 内蒙古师范大学学报（教育科学版），2004（2）：72 – 75.

[88] 覃翠华. 参与性教学设计的理论及其实证研究 [D]. 南宁：广西师范学院，2012.

[89] 覃翠华，莫永华. 参与性设计：内涵、哲学基础及实践旨趣 [J]. 电化教育研究，2010（12）：9 – 11.

[90] 谭玲，余金史. "让学生参与板书设计" 的探索 [J]. 小学教学参考，2000（10）：10 – 11.

[91] 田九胜，沈强. 大学英语参与式教学设计调查研究 [J]. 英语教师，2014（9）：54 – 61，72.

[92] 童恒萍. 交往与现代性——哈贝马斯交往理论述评 [J]. 华南师范大学学报（社会科学版），2001（2）：37 – 43.

[93] 王道俊，郭文安. 主体教育论 [M]. 北京：人民教育出版社，2005.

[94] 王建刚. 狂欢诗学——巴赫金文学思想研究 [M]. 上海：学林出版社，

2001.

［95］王泉，朱岩岩．解构主义［J］．外国文学，2004（3）：67－72．

［96］王升．试论主体参与的教学价值［J］．中国教育学刊，2000（2）：38－40．

［97］王升．主体参与教学策略的分层分析［J］．课程・教材・教法，2001（3）：40－44．

［98］王升．主体参与型教学探索［M］．北京：教育科学出版社，2003．

［99］王怡芳．协商学习——小学生课堂自主学习方式研究报告［EB/OL］．［2022－01－20］．http：//www.hz2hs.net.cn/Others/hjkcglw/18cg/cggsxj3.html.

［100］王佑镁．教学设计的现实困境与未来取向［J］．外国教育研究，2005（11）：64－66，71．

［101］文国韬．中学参与性教学的实践研究［J］．现代中小学教育，2006（2）：28－31．

［102］文林萍．小学语文教学中"协商——选择性教学"模式的实践探索［J］．上海教育研究，2007（1）：79－80．

［103］吴式颖，任钟印．外国教育思想通史（20世纪的教育思想（下））［M］．长沙：湖南教育出版社，2000．

［104］向守万．参与式板书设计八例［J］．小学教学设计，2005（12）：32－33．

［105］肖龙海．课堂协商的一种方法［J］．外国中小学教育，2000（6）：44－47．

［106］肖龙海．师生共同开发课程——协商课程：课程行动研究的一个实践范式［J］．外国中小学教育，2008（2）：24－29．

［107］肖龙海．协商课程：促进高效学习的一种课程模式［J］．比较教育研究，2001（8）：20－23．

［108］肖龙海．协商课程：促进学生自主学习的过程［J］．教育科学研究，2005（5）：37－39．

［109］肖龙海，郑锡灯．共享学习的权利——关于协商式学习的研究［J］．教育发展研究，2003（11）：44－46．

［110］辛志英．语文教学主体参与虚化现象及对策分析［J］．石家庄学院学

报，2008（7）：111－115.

[111] 许凤莲，李梅英. 主体参与教学的思想构建 [J]. 社会科学论坛，2005（4）：115－116.

[112] 许书明. 语文"参与性教学"模式研究 [J]. 四川师范大学学报（社会科学版），2005（4）：92－97.

[113] 韩旭东. 假主体性教学是什么样子 [J]. 广东教育，2007（2）：22－23.

[114] 韩燕娟，张宝辉，胡立如. 基于互动的研究生参与式教学设计与实施效果分析 [J]. 研究生教育研究，2016（1）：36－43.

[115] 杨春妹. 教学，在协商中生成 [J]. 教育理论与实践，2008（29）：57－58.

[116] 杨东. 德里达的解构主义哲学及其启示 [J]. 宜宾学院学报，2008（8）：19－21.

[117] 杨小微，张天宝. 教学论 [M]. 北京：人民教育出版社，2007.

[118] 杨学民. 对话理论与大学课堂教学模式的转型 [J]. 中国石油大学胜利学院学报，2006（4）：67－69.

[119] 姚建光. 参与式教学：理论建构与实证样本 [J]. 中国教育学刊，2011（1）：54－56.

[120] 叶飞. "协商课程"理念与公民课程的建构 [J]. 教育学术月刊，2014（4）：95－98，105.

[121] 于宏宇. 建构主义理论下的思想政治课教学 [J]. 思想政治课教学，2004（6）：14－15.

[122] 余胜泉，杨晓娟，何克抗. 基于建构主义的教学设计模式 [J]. 电化教育研究，2000（12）：7－13.

[123] 袁令卓. "字案导学"模式在生物教学中的应用 [J]. 中学生物教学，2000（6）：25－26.

[124] 曾琦. 学生的参与及其发展价值 [J]. 学科教育，2001（1）：4－7.

[125] 张广兵. 参与式教学设计：教学设计新趋向 [J]. 教学与管理，2010（9）：7－9.

[126] 张广兵. 基于师生共建的移动环境下社会性学习研究 [J]. 中国教育

信息化，2019（5）：20 – 23.

［127］张广兵．"平台融合 – 三环互动 – 三效一体"教学模式的探索与实践
［J］．中国教育信息化，2021（19）：93 – 96.

［128］张海涛．主体参与大学英语课堂教学的走向［J］．中国高教研究，
2004（3）：92 – 93.

［129］张天宝．主体性教育［M］．北京：教育科学出版社，2001.

［130］张晓涛．学生参与课程设计的教学策略研究［J］．黑龙江高教研究，
2005（2）：148 – 150.

［131］赵建芳，曹灵芝，陈洁芳．小学语文协商教学中协商点的设计与操作
［J］．上海教育科研，2007（1）：78.

［132］赵中建．教育的使命——面向二十一世纪的教育宣言和行动纲领
［M］．北京：教育科学出版社，1996.

［133］郑金洲．参与教学［M］．福州：福建教育出版社，2005.

［134］郑敏．解构主义在今天［J］．文学评论，2000（4）：106 – 114.

［135］郑葳，李芒．学习共同体及其生成［J］．全球教育展望，2007（4）：
57 – 62.

［136］中国社会科学院语言研究所词典编辑室．现代汉语词典［M］．第7版．
北京：商务印书馆，2016.

［137］中江县人民政府．政府工作报告（2021年）［Z］.2021.

［138］钟志贤．传统教学设计范型批判［J］．电化教育研究，2007（2）：
5 – 10.

［139］钟志贤．实现使用者设计：客观主义与建构主义教学设计反思工具
［J］．中国电化教育，2005（10）：32 – 36.

［140］钟志贤．使用者设计：解放沉默的大多数［J］．现代远程教育研究，
2006（4）：11 – 16.

［141］钟志贤．走向使用者设计：兴起、定义、意义与理由［J］．中国电化
教育，2005（7）：9 – 15.

［142］周龙兴．个体体验到生命互动、理念到实践的转换——协商性课程的
实践与思考［J］．上海教育科研，2007（1）：71 – 73.

［143］周怡和，吴建强．让学生参与备课的尝试与具体操作［J］．小学教学

参考，2000（11）：9－10.

[144] 朱德全. 问题系统教学设计探究——数学处方式教学设计原理归结 [D]. 重庆：西南师范大学，2002.

[145] 朱宗友. 高校思想政治理论课参与式教学的探索与思考 [J]. 思想理论教育导刊，2013（7）：90－93.

[146] 宗秋荣. 全国首届主体教育理论研讨会综述 [J]. 教育研究，2004（3）：92－94.

[147] 佐藤学. 静悄悄的革命——创造活动、合作、反思的综合学习课程 [M]. 李季湄，译. 长春：长春出版社，2003.

[148] Ada H. Student Empowerment: Student-Designed Syllabus: A Group Exercise [M]//McKinney K, Beck F D, Heyl B S. Sociology Through Active Learning: Student Exercises. California: Pine Forge Press, 2001.

[149] Anderson G L. The Polotics of Participatory Reforms in Education [J]. Theory into Practice, 1999, 38 (4): 191－195.

[150] Astin A W. Student Involvement: A Developmental Theory for Higher Education [J]. Journal of College Student Personnel, 1984, 25 (4): 297－308.

[151] Azevedo F S. Personal Excursions: Investigation The Dynamics of Student Engagement [J]. International Journal of Computers for Mathematical Learning, 2006, 11: 57－98.

[152] Baker P. Creating Learning Communities: The Unfinished Agenda [C]//Bernice Pescosolido and Ronald Aminzade. The Social Worlds of Higher Education. Thousand Oaks, CA: Pine Forge, 1999: 95－109.

[153] Banathy B H. Comprehensive Systems Design in Education—A Design Imperative Leap Out from the Existing System [J]. Educational Technology, 1991, 31 (5): 54－55.

[154] Banathy B H. Comprehensive Systems Design in Education: Who Should Be the Designers? [J]. Educational Technology, 1991, 31 (9): 49－51.

[155] Banathy B H. Designing Education as a Social System [J]. Educational Technology, 1998, 38 (6): 51－55.

[156] Beyer H, Holtzblatt K. Contextual Design [J]. ACM interactions, 1999, 6 (1): 32 –42.

[157] Brookfield S. Building Trust with Students [M]//Pescosolido B, Aminzade R. The Social Worlds of Higher Education. CA: Pine Forge, 1999.

[158] Byer J L. The Consistency Correlation between Student's Perceptions of Classroom Involvement and Academic Self-Concept in Secondary Social Studies Classes [J]. Journal of Social Studies Research, 2002, 26 (1): 3 – 11.

[159] Carini R M, Kuh G D, Klein S P. Student Engagement and Student Learn-ing: Testing the Linkages [J]. Research in Higher Education, 2006, 47 (1): 1 –32.

[160] Carmel E, Whitaker R, George J. PD and Joint Application Design: A Transatlantic Comparison [J]. Communications of the ACM, 1993, 36 (4): 40 –48.

[161] Carr A A, Savoy M R. Using the User-Design Research for Building School Communities [J]. School Community Journal, 2003, 13 (2): 99 –118.

[162] Carr A A. User-Design in the Creation of Human Learning Systems [J]. Educational Technology Research and Development, 1997, 45 (3): 5 – 22.

[163] Cleveland A. Participatory Design: History, Examples, and Promise [D]. Boston: Tufts University, 2011.

[164] Cohen J. Participatory Design with the Internet [J]. Architectural Record, 2003, 191 (8): 157.

[165] Cumbo B, Selwyn N. Using Participatory Design Approaches in Educational Research [J]. International Journal of Research & Method in Education, March 2021.

[166] Druin A, Bedersonm B, Boltman A, Miur A, Knotts-Callahan D, Platt M. Children as Our Technology Design Partners [M]//Druin A. The Design of Children's Technology. San Francisco: Morgan Kaufmann, 1999.

[167] Druin A. The Role of Children in the Design of New Technology [J]. Be-

haviour and Information Technology, 2002, 21 (1): 1 – 25.

[168] Ellis R D, Jankowski T B, Jasper J E. Participatory Design of an Internet-based Information System for Aging Services Professionals [J]. The Gerontologist, 1998, 38 (6): 743 – 748.

[169] Gartner J. Participatory Design in Consulting [J]. Computer Supported Cooperative Work, 1998, 7: 273 – 289.

[170] Gayeski D M. Out-of-the-Box Instructional Design [J]. Training & Development, 1998, 52 (4): 36 – 40.

[171] Gustafson K L, Branch R M. Revisioning Models of Instructional Development [J]. International Review, 1997, 45 (3): 73 – 89.

[172] Halskov K, Hansen N B. The Diversity of Participatory Design Research Practice at PDC 2002 – 2012 [J]. International Journal of Human-Computer Studies, 2015, 74: 81 – 92.

[173] Hasell M J. Community Design and Gaming/Simulation: Comparison of Communication Techniques in Participatory Design Sessions [J]. Simulation and Games, 1987, 18: 82 – 115.

[174] Hernandez K, Hogan S, Hathaway C, Lovell C D. Analysis of the Literature on the Impact of Student Involvement on Student Development and Learning: More Questions than Answers? [J]. NASPA Journal, 1999, 36 (3): 184 – 197.

[175] House J D. The Effect of Student Involvement on the Development of Academic Self-Concept [J]. The Journal of Social Psychology, 2000, 140 (2): 261 – 263.

[176] Hudd S S. Syllabus under Construction: Involving Students in the Creation of Class Assignments [J]. Teaching Sociology, 2003, 31 (2): 195 – 202.

[177] Jenlink P M. Systemic Change: Touch Stones for the Future School [M]. IL: Skylight Training and Publishing, 1995.

[178] Johnson D L. Designing to Learn: Using Agile Software Engineering Methods for Participatory Instructional Design [D]. Minneapolis: Capella Uni-

versity，2006.

[179] Johnson D W，Johnson R T. Academic Controversy：Increase Intellectual Conflict and Increase the Quality of Learning ［M］//Campbell W E，Smith K A. New Paradigms for College Teaching. MN：Interaction Book Company，1997.

[180] Joseph R，Jenlink P M，Reigeluth C M，Carr-Chelman A，Nelson L M. Banathy's Influence on The Guidance System For Transforming Education ［J］. World Futures，2002，58：379 – 394.

[181] Kautz K. User Participation and Participatory Design：Topics in Computing Education ［J］. Human-Computer Interaction，1996，11：267 – 284.

[182] Kensing F，Blomberg J. Participatory Design：Issues and Concerns ［J］. Computer Supported Cooperative Work，1998，7：167 – 185.

[183] Kim S，Parks B S，Beckerman M. Effects of Participatory Learning Programs in Middle and High School Civic Education ［J］. The Social Studies，1996，87（4）：171 – 176.

[184] Könings K D，Brand-Gruwel S，Van Merriënboer J J D. An Approach to Participatory Instructional Design in Secondary Education：An Exploratory Study ［J］. Educational Research，2010，52（1）：45 – 59.

[185] Könings K D，Brand-Gruwel S，Van Merriënboer J J D. Participatory Instructional Redesign by Students and Teachers in Secondary Education：Effects on Perceptions of Instruction ［J］. Instructional Science，2011，39：737 – 762.

[186] Könings K D，Seidel T，Van Merriënboer J J G. Participatory Design of Learning Environments：Integrating Perspectives of Students，Teachers，and Designers ［J］. Instructional Science，2014，42：1 – 9.

[187] Koljatic M，Kuh G D. A Longitudinal Assessment of College Student Engagement in Good Practices in Undergraduate Education ［J］. Higher Education，2001，42：351 – 371.

[188] Kukla C D，Binder T，Porter W L，et al. Innovation in Design-Strategies for Designing Together ［J］. Tutorials，1999，5（15 – 20）：108 – 109.

[189] Lansdown G. Can You Hear Me? The Right of Young Children to Participate in Decisions Affecting Them [M]. The Hague: Bernard van Leer Foundation, 2005.

[190] Large A, Beheshti J, Nesset V, Bowler L. Designing Web Portals in Intergenerational Teams: Two Prototype Portals for Elementary School Students [J]. Journal of the American Society for Information Science and Technology, 2004, 55 (13): 1140 – 1154.

[191] Livari N. Enculturation of User Involvement in Software Development Organizations—An Interpretive Case Study in the Product Development Context: In Proceedings of the Third Nordic Conference on Human-Computer Interaction, 2004 [C]. New York: ACM Press, 2004: 287 – 296.

[192] Magliaro S G, Shambaugh N. Student Models of Instructional Design Educational Technology [J]. Washington: Research and Development, 2006, 54 (1): 83 – 106.

[193] Martens S E, Meeuwissen S N E, Dolmans D H J M, Bovill C, Könings K D. Student Participation in the Design of Learning and Teaching: Disentangling the Terminology and Approaches [J]. Medical Teacher, 2019, 41 (10): 1203 – 1205.

[194] Marx P. When Students Collaborate, Problems Often Follow [J]. The Chronicle of Higher Education, 1998, 44: B8.

[195] McClaren L D. Designing for Change in Equestrian Studies: A Study of Learner Participation in Instructional Design [D]. Minneapolis: Capella University, 2007.

[196] McDevitt B. Negotiating the Syllabus: A Win-Win Situation? [J]. ELT Journal, 2004, 58 (1): 3 – 9.

[197] Meighan R. Flexi-Schooling: Education for Tomorrow, Starting Yesterday [M]. Ticknall: Education Now Publishing Cooperative, 1998.

[198] Merrill M D, Li Z, Jones M K. Instructional Transaction Shells: Responsibilities, Methods, and Parameters [J]. Educational Technology, 1992, 32 (2): 5 – 26.

[199] Merrill M D. What New Paradigm of ISD? [J]. Educational Technology, 1996, 36 (6): 57 - 58.

[200] Moore J, Lovell C D, McGann T, Wyrick J. Why Involvement Matters: A Review of Research on Student Involvement in the Collegiate Setting [J]. College Student Affairs Journal, 1998, 17 (2): 4 - 17.

[201] Newmann F M. Student Engagement and Achievement in American Secondary School [M]. New York: Teachers College Press, 1992.

[202] Nikolova-Houston T. Using Participatory Design to Improve Web Sites [J]. Computers in Libraries, 2005, 25 (9): 20 - 25.

[203] Parchoma G. Learner-Centered Instructional Design and Development: Two Examples of Success [J]. Journal of Distance Education, 2003, 18 (2): 35 - 60.

[204] Pike G R, Kuh G D. A Typology of Student Engagement for American Colleges and Universities [J]. Research in Higher Education, 2005, 46 (2): 185 - 209.

[205] Pike G R, Kuh G D, Gonyea R M. The Relationship between Institutional Mission and Student' Involvement and Educational Outcomes [J]. Research in Higher Education, 2003, 44 (2): 241 - 261.

[206] Porter S R. Institutional Structures and Student Engagement [J]. Research in Higher Education, 2006, 47 (5): 521 - 558.

[207] Reeve J, Jang H, Carrell D, Jeon S, Barch J. Enhancing Students' Engagement by Increasing Teachers' Autonomy Support [J]. Motivation and Emotion, 2004, 28 (2): 147 - 169.

[208] Reich Y, Konda S L, Levy S N, Monarch I A, Subrahmanian E. Varieties and Issues of Participation and Design [J]. Design Studies, 1996, 17 (2): 165 - 180.

[209] Reich Y. Transcending the Theory-Practice Problem of Technology [M]. Pittsburgh: Carnegie Mellon University Press, 1992.

[210] Reigeluth C M. A New Paradigm of ISD? [J]. Educational Technology, 1996, 36 (3): 13 - 20.

[211] Reigeluth C M. Educational Standards: To Standardize or to Customize Learning? [J]. Phi Delta Kappan, 1997, 79 (3): 202 –206.

[212] Reigeluth C M. From ISD to ESD: Educational Technology and Its Underware [J]. Educational Technology, 1991, 31 (11): 33 –34.

[213] Reigeluth C M. What Every AECT Member Needs to Know about Systemic Change: The Beginning of a Dialogue [J]. Tech Trends, 2002, 46 (1): 12 –15.

[214] Reigeluth C M. What Is Instructional Design Theory and How Is It Changing? [A]. Reigeluth C. M. Instructional Design Theories and Models: A New Paradigm of Instructional Theory [C]. Hillsdale, NJ: Lawrence Erlbaum Associates, 1999: 5 –29.

[215] Reigeluth C M. What Is the New Paradigm of Instructional Theory [EB/OL]. [2022 – 01 – 20]. http: //itech1. coe. uga. edu/itforum/paper17/paper17. html.

[216] Retallick J, Cocklin B. Learning Community in Education: Issues, Strategies and Contexts [J]. Routledge, 1996: 6.

[217] Rinehart J A. Turning Theory into Theorizing: Collaborative Learning in a Sociological Theory Course [J]. Teaching Sociology, 1999, 27 (3): 216 –232.

[218] Rittenbruch M, McEwan G, Ward N, et al. Extreme Participation Moving Extreme Programming Towards Participatory Design [C]. Malmo, Sweden: Proceedings of the Participatory Design Conference, 2002: 23 –25.

[219] Ryan J F. Institutional Expenditures and Student Engagement: A Role for Financial Resources in Enhancing Student Learning and Development? [J]. Research in Higher Education, 2005, 46 (2): 235 –249.

[220] Spinuzzi C. The Methodology of Participatory Design [J]. Technical Communication, 2005, 52 (2): 163 –174.

[221] Webler T, Tuler S, Krueger R. What Is a Good Public Participation Process? Five Perspectives from the Public [J]. Environmental Management, 2001, 27 (3): 435 –436.

［222］ Weimer M. Let Students Make Classroom Decisions ［J］. The Teaching Professor, 2001, 15 (1): 1 − 2.

［223］ Weinberg J B, Stephen M L. Participatory Design in a Human-Computer Interaction Course: Teaching Ethnography Methods to Computer Scientists ［C］. Sigcse Technical Symposium on Computer Science, 2002: 237 − 241.

［224］ Willis J. The Maturing of Constructivist Instructional Design: Some Basic Principles That Can Guide Practice ［J］. Educational Technology, 2000, 40 (1): 5 − 16.

后　记

　　对参与式教学设计问题的关注，源于自身思维中的困惑与教学现实中的困境。目前，国内对参与式教学设计的理论研究与实践研究均存在明显不足，对此加以研究无论对构建适合我国教育现实背景的参与式教学设计理论体系，还是对改进我国现行的教学设计方式均有一定的价值与意义。

　　本书从论证开展参与式教学设计的必要性、理清参与式教学设计的性质与特点、查清开展参与式教学设计的现实情况着手，对参与式教学设计的实施框架进行了构建，对参与式教学设计的实际效果进行了实验研究，并从参与式教学设计的实质、参与式教学设计与传统教学设计的分野、参与式教学设计的实施、参与式教学设计的现实以及参与式教学设计的前景五个方面对本书的研究结果进行归纳总结、对参与式教学设计的未来作了展望，基于所获得的研究结论以及在此基础上所展开的思考，本书对参与式教学设计的实施提出了"开展配套改革为参与式教学设计注入源泉"等八点建议。所获得的研究结论以及所提出的意见与建议，对于弥补我国在这方面研究存在的不足以及促进参与式教学设计在我国现实教育中顺利而有效地开展应该有所裨益。

　　然而，由于笔者自身研究能力与水平的限制，本书还存在诸多不足，尤其在以下三个方面存在明显不足：第一，调查研究的对象只选择了普通中学的学生、教师、领导等，无法反映各个学段的学生、教师、领导等的整体情况；第二，所开展的参与式教学设计实验研究只在高中英语教学中开展了实验，无法反映其他学段、其他学科中开展参与式教学设计的情况，同时实验开展时间不够长，无法反映参与式教学设计对学生、教师等的长远影响；第三，在本书最后一章对开展参与式教学设计提出了一些意见与建议，但是由于相关条件以及时间等的限制，这些建议还没有应用于实践加以检验，这些建议的有效性还难以保证。

对本书所研究问题的思考始于多年前，在书稿业已完成的今天，这种思考远没有结束。相反，它进一步引发了笔者对"如何实现参与式教学设计与其他教育教学活动的协调发展""如何构建一个贯穿小学、中学、大学、研究生学习的参与式教学设计体系"等问题的思考，这些问题也将成为笔者今后进一步研究和努力的方向。